Die schönsten Minerale und Kristalle aus aller Welt

Peter Bancroft

Die schönsten Minerale und Kristalle aus aller Welt

Franckh'sche
Verlagshandlung
Stuttgart

Schutzumschlag von Edgar Dambacher unter Verwendung der Farbtafel auf Seite 161
Mit 72 Farbtafeln und einer Übersichtskarte
Aus dem Amerikanischen übersetzt von Prof. Dr. Walter Weiskirchner,
Mineralogisch-Petrographisches Institut der Universität Tübingen
Titel der Originalausgabe: The World's Finest Minerals and Crystals,
erschienen 1973 unter der ISBN 670-79022-2 bei The Viking Press, Inc., 625 Madison Avenue, New York, N. Y. 10022

2. Auflage, 7.—9. Tausend
Franckh'sche Verlagshandlung, W. Keller & Co., Stuttgart 1976

Satz: Belser, Druck- und Verlagshaus, Stuttgart
Druck und Buchbinder: Artilitho, Trento

Die schönsten Minerale und Kristalle aus aller Welt

Sachverständige und Berater

Hier sind die weltweit anerkannten Sachverständigen genannt, die durch ihre Vorschläge und Beurteilungen die Auswahl der Minerale und Kristalle für dieses Buch entscheidend mitbestimmten.

Pierre Bariand, Kurator an der Fakultät der Wissenschaften, Sorbonne, Paris · G. P. Barsanow, Kurator am Fersman-Museum für Mineralogie, Moskau · Gerhard Becker, Mineralienhändler, Idar-Oberstein · Bona Potenza Bianchi, Kuratorin des Mineralogischen Museums der Universität Mailand · Draga Blagojevič, Geologe, Trepča, Jugoslawien · Oliver Chalmers, Kurator am Australischen Museum, Sydney · Rock Currier, Fotograf und Sammler, Ardsley, New York · Walter Curvello, Kurator am Nationalmuseum, Rio de Janeiro · J. Delorme, Mineralienhändler, Tananarive, Malegassische Republik (Madagaskar) · Vincenzo de Michele, Kurator des Städtischen Museums für Naturgeschichte, Mailand · Paul Desautels, Kurator an der Smithsonian Stiftung, Washington, D. C. · Peter Embrey, Kurator am Britischen Museum, Abteilung für Naturgeschichte, London · Clifford Frondel, Kurator an der Harvard-Universität, Cambridge, Massachusetts · Joaquin Folch Girona, Direktor eines privaten Museums in Barcelona · Edward Gubelin, Sammler und Juwelier, Luzern · Claude Guillemin, Direktor des Nationalen Geologischen Dienstes, Orléans, und Kurator der Bergakademie Paris · F. Hofmann, Professor an der Bergakademie Freiberg/Sachsen · George Holloway, Sammler, Northridge, Kalifornien · Cornelius Hurlbut, Professor an der Harvard-Universität, Cambridge, Massachusetts · Akira Kato, Kurator des Museums der Universität für Naturwissenschaften, Tokio · Charles Key, Mineralienhändler, St. Petersburg, Florida · Hugh Leiper †, Herausgeber des „Lapidary Journal", San Diego, Kalifornien · Orlow Leonidowitsch, Sekretär am Fersman-Museum für Mineralogie, Moskau · Vincent Manson, Vorstand der Abteilung für Mineralogie am Amerikanischen Museum für Naturgeschichte, New York, N. Y. · V. C. Meen †, Chefmineraloge am Königlichen Museum von Ontario, Kanada · Thomas McKee, Sammler, Paradise Valley, Arizona · Henrich Neumann, Kurator am Geologischen Museum, Oslo · Ole V. Petersen, Kurator am Mineralogischen Museum der Universität von Kopenhagen · Th. Sahama, Professor an der Universität von Helsinki · Wilhelm Schilly, Professor am Mineralogischen Institut der Universität Bonn · H. J. Schubnel, Professor und Schriftsteller, Bergakademie Paris · John Sinkankas, Schriftsteller und Sammler, San Diego, Kalifornien · H. A. Stalder, Kurator am Naturhistorischen Museum, Bern · Jaroslav Svenek, Professor am Nationalmuseum, Prag · Edward Swoboda, Juwelengroßhändler und Sammler, Los Angeles, Kalifornien · Ralph Townsend, Kurator am Geologischen Museum von Johannesburg, Südafrika · Max Wiebel, Professor an der Eidgenössischen Technischen Hochschule, Zürich · David Wilber, Händler und Sammler, Reno, Nevada · C. Douglas Woodhouse, Professor an der Universität von Kalifornien, Santa Barbara, Kalifornien.

Außerdem: Edwin Allabough, Sammler, Cathedral City, Kalifornien · Edward Bancroft, Sammler, San Diego, Kalifornien · Werner Burger, Sammler, Zürich · Fred Cassirer, Sammler, New York, N. Y. · Albert Chapman, Sammler, Sydney · M. Dusterud, Verwalter des Museums für Bergbau, Kongsberg, Norwegen · Paul Fraenkel, Sammler, Paris · John Fuller, Sachbearbeiter für Mineralogie am Britischen Museum, Abteilung für Naturgeschichte, London · E. M. Gunnel, Sammler, Denver, Colorado · Henri Hanson, Fotograf und Sammler, Ardsley, New York · Avo Harnik, Kurator an der Schweizer Bundesanstalt für Technologie, Zürich · John Jago, Sammler, San Franzisko, Kalifornien · Alan Jobbins, Kurator am Geologischen Museum, London · Louis Moyd, Vorstand der Abteilung Mineralogie am Nationalmuseum für Naturgeschichte, Ottawa · Livia Örkényi, Chefmineralogin am Ungarischen Museum für Naturgeschichte, Budapest · George Pick†, Geologe, Lima · Sydney Pieters, Mineralienhändler und Sammler, Windhoek, Südwestafrika · Karel Tuček, Direktor der Abteilung Mineralogie am Nationalmuseum Prag · Eric Welin, Kurator am Königlichen Museum für Naturgeschichte, Stockholm.

Einleitung

Jedem, der etwas für Minerale übrig hat, vermittelt der Tafelteil dieses Buches ein einzigartiges Erlebnis, kann er sich doch an einem Aufgebot von sechsundsiebzig Mineralen und Kristallen erfreuen, von denen jedes einzelne als das schönste seiner Art oder Zusammensetzung unter mehr als zweitausend bekannten Mineralarten und deren Varietäten ausgewählt worden ist. Sie vereinen sich zur schönsten Sammlung von Mineralen und Edelsteinen, die je im Bild festgehalten wurde. Eine Behauptung, der Sie, liebe Leser, hoffentlich zustimmen werden.

Obwohl das Sammeln und das Bearbeiten von Mineralen und Edelsteinen heutzutage eines der verbreitetsten Hobbys ist, gibt es keine allgemeingültigen Kriterien für die ästhetische Qualität eines Minerals. So kann vielleicht dieses Buch hier Maßstäbe setzen.

Ein wesentliches Element bei der Entstehung dieser Kollektion war die Beteiligung von Hunderten von Sammlern, Händlern, Kuratoren, Künstlern und Strahlern, die Vorschläge für die Auswahl machten oder bei der Beurteilung mitwirkten, was sie – genau betrachtet – zu Mitautoren dieses Buches macht.

Bis 1965 hat der Verfasser auf der Suche nach besonders schönen Mineralen mehr als 460000 Kilometer zurückgelegt, über klassische Exemplare mit Kuratoren und Sammlern diskutiert und mit anerkannten Fotografen von Mineralen Kontakt aufgenommen. Fast noch eine halbe Million Kilometer sollten zurückgelegt werden und sechs weitere Jahre verstreichen, bis das Vorhaben abgeschlossen war.

Am Anfang stand eine Liste von 150 Mineralen, von denen angenommen wurde, daß sie für Sammler, Kuratoren und Liebhaber gleichermaßen interessant sein würden. Einige waren ausgewählt worden, weil sie nahezu immer in Form schöner Kristalle auftreten. Andere wieder waren wegen ihrer Seltenheit in diese Liste aufgenommen worden, und einige wenige waren hinzugenommen worden, weil sie zu den wesentlichsten gesteinsbildenden Mineralen gehören. Diese Zusammenstellung wurde an Hunderte von Vereinigungen von Mineralogen und an alle wichtigen mineralogischen Museen verschickt; auch wurde sie zweimal im „Lapidary Journal" veröffentlicht. Daraufhin gingen Hunderte von Vorschlägen aus der ganzen Welt ein. Am häufigsten wurde, wie nicht anders zu erwarten, farbloser Quarz, also Bergkristall, empfohlen.

Es liegt auf der Hand, daß die Kriterien, nach denen die Auswahl der schönsten Minerale erfolgte, im besten Fall nur subjektiv sein konnten. Es gibt keine wissenschaftliche Formel, die ein schönes Mineral von einem anderen unterscheidet. Deshalb wurden soviele Experten wie möglich am Auswahlvorgang beteiligt. Die Liste der Sachverständigen und Berater auf Seite 6 repräsentiert einen großen Teil aller heute lebenden Experten. Unter ihnen sind Schriftsteller, Sammler, Mineralienhändler, Edelsteinschleifer, Museumskuratoren, Wissenschaftler, Professoren, Geologen und Edelsteinexperten aus fast jedem größeren Land der Erde. Ihre vereinten Kenntnisse über die Qualität von Ausstellungsstücken sind enorm. Diese Sachverständigen prüften Diapositive, Fotografien und alle anderen verfügbaren Unterlagen. Dabei wurde sorgfältig darauf geachtet, daß sie nicht die Fotografie, sondern das Mineral beurteilten; Trickfotos wurden nicht zugelassen. Manche der Sachverständigen schickten eigene Vorschlagslisten. Kam dann

einer ihrer Vorschläge in die engere Wahl, waren sie von einer weiteren Stimmabgabe für dieses Mineral ausgeschlossen. Gelegentlich liefen die Meinungen auseinander. Insgesamt gesehen aber war der Grad der Übereinstimmung beeindruckend. Bestimmte Eigenschaften, die zu einem prächtigen Mineral gehören, so die Brillanz, der Glanz, die ausgeprägte Farbe, die Fehlerfreiheit der Kristalle und die Gefälligkeit der Anordnung, scheinen eben jeden anzusprechen.
Als es dann darum ging, die ursprüngliche Liste von 150 Mineralen auf eine „Muß"-Gruppe von sechsundsiebzig zusammenzustreichen, stimmten die Sachverständigen häufig dafür, seltenere Minerale beizubehalten und die allgemeiner verbreiteten zu streichen. Im Tafelteil sind diese sechsundsiebzig Minerale nach ästhetischen Gesichtspunkten angeordnet, und nicht so, wie es die Gewichtung bei der endgültigen Auswahl ergeben hätte.
Nicht jeder Sachverständige war an der Auswahl aller Minerale beteiligt; manche gaben nur zu etwa einem halben Dutzend ihr Urteil ab. Maßgebend war nach allgemein anerkanntem Reglement nicht das Urteil einzelner Sachverständiger. Nur die einfache Mehrheit der mit einer Mineralart befaßten Sachverständigen ließ die Aufnahme als „schönstes Exemplar" in den Tafelteil zu.
Die Hauptverantwortung für die Auswahl und Aufnahme der Minerale übernimmt der Verfasser. Wenn so bezaubernde, schöne Minerale wie Dioptas, Axinit und Epidot keine Berücksichtigung fanden, wie kommt es dann, daß Gold, Silber, Rhodochrosit und Siderit gleich zweimal aufgenommen wurden? Nun, bei Stimmengleichheit der Gutachter wurde die Frage so gelöst, daß beide Exemplare in die Auswahl einbezogen wurden.
In einigen Fällen werden zwei verschiedene Ausbildungen des gleichen Minerals gezeigt. So zum Beispiel beim Siderit (Spateisenstein) und beim Rhodochrosit (Manganspat), weil die Varietäten so unterschiedlich aussehen, daß sie untereinander kaum noch Ähnlichkeit aufweisen.

Die Auswahlkriterien

Interessant und aufschlußreich war, wie die Gutachter ihre Entscheidung jeweils begründeten. Es zeigte sich, daß so gut wie alle fast immer nach einem bestimmten Schema vorgingen. Nachfolgend die von ihnen – wenn auch nicht unbedingt in dieser Reihenfolge – angewandten Kriterien:
Vollkommenheit des Kristalls. Die Gutachter verwarfen beschädigte Kristalle, besonders dann, wenn die Schäden an den Endflächen auftraten. Nur bei ganz besonders interessanten Stücken wurde eine leichte Beschädigung des Kristalls in Kauf genommen. Wenn es im Einzelfall wirklich unmöglich war, ein großes, ganz makelloses Exemplar aufzutreiben, wählte man das Stück, dessen wichtigste Kristalle die unauffälligsten Schäden hatten.

Anordnung der Kristalle. Wenn alle anderen Eigenschaften gleich waren, gab man fast stets den Kristallen den Vorzug, die in Gruppen oder auf einem anderen Mineral aufgewachsen waren.
Ästhetische Gründe. Die Gutachter waren im allgemeinen von einem Mineral besonders dann angetan, wenn die Anordnung der Kristalle sehr gefällig und attraktiv war.
Vergesellschaftung. Wenn das Mineral vergesellschaftet mit anderen auftrat, besonders mit solchen, die in Form, Farbe und Glanz sehr kontrastierten, so brachte ihm das nahezu automatisch Sonderpunkte ein. So wurde ein schwarzes Mineral, das für sich allein kaum eindrucksvoll war, sofort höher eingestuft, wenn es zusammen mit einem weißen oder farblosen wie Quarz oder Calcit auftrat.
Farbe. Von sehr großer Bedeutung waren Farbton, Farbnuance und Intensität der Farbe. Häufig wurden die intensiveren oder dunkleren, nie aber die schmutzigeren Farben bevorzugt. So wurde zum Beispiel ein dunkel gefärbter Aquamarinkristall höher eingeschätzt als ein sonst gleich gut ausgebildeter, aber heller gefärbter.
Glanz. Der funkelnde Glanz eines Minerals bewirkte nahezu immer, daß man ihm erhöhte Aufmerksamkeit schenkte.
Größe. Bemerkenswerterweise war die Größe nicht unbedingt ausschlaggebend. Natürlich wurden auch sehr große Kristalle vorgeschlagen, doch im allgemeinen gaben die Gutachter den kleineren, vollkommener ausgebildeten Kristallen den Vorzug; nur dann, wenn die Kristalle in allen anderen Eigenschaften gleichwertig waren, entschied man sich für den größeren.
Im großen und ganzen scheint das System, nach dem die Sachverständigen ihr Urteil abgegeben haben, zwar in sich nicht völlig unanfechtbar, aber doch das beste von allen bisher entwickelten.
Ursprünglich war beabsichtigt, Stücke aus möglichst vielen Sammlungen zu zeigen, sowohl aus privaten als auch aus öffentlichen Sammlungen, aus Museen. Doch diese Idee erwies sich schon bald als undurchführbar. Klassisch schöne Minerale besitzen ganz bestimmte Eigenschaften, die ihnen sozusagen ihren Weg vorzeichnen. Sie haben ein gefälliges Aussehen, sie erregen Begeisterung unter den Sammlern, und sie besitzen einen bestimmten Wert. Fast immer erwirbt ein reicher Sammler einige dieser einzigartigen Minerale. Und wenn er stirbt, gelangt seine Sammlung in die Hände von Erben, die wenig oder gar kein Interesse daran haben. So werden nicht selten die besten privaten Sammlungen zum Beispiel einem großen Museum vermacht.
Wenn dieser Vorgang sich über lange Jahre wiederholt, müssen die Sammlungen der großen Museen immer umfangreicher werden. Ebenso fördern Zukäufe, tüchtige und kenntnisreiche Mitarbeiter, ausreichend Raum für Aufbewahrung und Ausstellung und beachtliche Anschaffungsetats die Bildung von hervorragenden Sammlungen. So sind einige wenige Museen im Bildteil stärker vertreten als andere; es ist aber nicht der Sinn dieses Buches, Institutionen oder Sammlungen zu bewerten, sondern eben besonders schöne Stücke vorzustellen, gleichgültig, woher sie kommen. Auch besitzt heute eine wachsende Zahl von privaten Sammlern beträchtliche Kenntnisse auf dem Gebiet der Mineralogie und hat auch die Geldmittel, um mit den finanziell besser ausgestatteten Museen zu konkurrieren, wenn große neue Mineralstufen auf dem Markt auftauchen. Auch einige solcher einmaliger Erwerbungen sind im Bildteil dargestellt.
Manche schöne Stufen, die für den Bildteil vorgeschlagen worden waren, konnten nicht aufgenommen werden, weil sie sich einfach nicht fotografieren ließen. Eine ganze Reihe

von seltenen und ungewöhnlichen Mineralen lassen die für ihre bildliche Darstellung nötigen Eigenschaften vermissen. Völlig weiße beziehungsweise farblose oder aber auch völlig schwarze Minerale, wie Natrolith, Tennantit, Rutil, Stephanit und Danburit, brachten wieder andere Probleme mit sich. Das lästige Auftreten von Rissen, Sprüngen oder gar Bruchstellen machte die Absicht einer fotografischen Wiedergabe der ursprünglich ausgewählten Minerale Axinit, Alexandrit, Baryt und Linarit undurchführbar. Einige farbige Minerale – Dioptas (dunkelgrün), Skorodit (dunkelblau) und Vanadinit (dunkelrot) – verloren in der Farbaufnahme viel von ihrer Attraktivität, obzwar sich geübte Fotografen alle erdenkliche Mühe gaben. Es wurde größter Wert darauf gelegt, die Kristalle möglichst naturgetreu abzubilden, damit der Betrachter die Möglichkeit hat, das Mineral in der Sammlung, aus der es stammt, wiederzuerkennen. Um im wesentlichen gleich große Farbtafeln zu erzielen, wurden manche Fotografien vergrößert, andere wieder verkleinert. Die wahre Größe des dargestellten Minerals ist im Begleittext stets in Zentimetern angegeben.
Natürlich wären auch Minerale aus Kanada, Mozambique, Ägypten, Ekuador und Alaska interessant gewesen. Aber die Auswahl erfolgte nach der Schönheit und nicht nach der Herkunft. Die Landkarte (Seite 24/25) mit den Fundpunkten der Minerale zeigt aber trotzdem eine überraschend weite geographische Streuung.
Der Verfasser möchte seinen besonderen Dank dem Kreis der Gutachter aussprechen, von denen viele erhebliche Zeit aufgewendet haben, um Diapositive, Fotos und Daten zu prüfen. Ein besonderes „Dankeschön" gilt den Kuratoren, die ihre Sammlungen zugänglich machten und ihre Aufzeichnungen und Kenntnisse dem Vorhaben zur Verfügung stellten. Besondere Anerkennung gebührt ebenso den zahlreichen Fotografen, die echte Zurückhaltung übten und mit großem Geschick ihre gewiß nicht einfache Aufgabe meisterten. Einen besonders tief empfundenen Dank möchte der Verfasser seiner Frau für ihre unbeirrbare Unterstützung aussprechen.
Schließlich möchte der Verfasser auch die zahllosen Briefe nicht unerwähnt lassen, die ihm Hilfe anboten und ihn in seinem Vorhaben bestärkten. Unter diesen Briefen war auch der von dem fünfzehn Jahre alten Eric Rubenstein: „Ich war richtig begeistert, als ich von Ihrem Vorhaben erfuhr, und ich möchte Ihnen so sehr bei der Suche nach Kristallen für Ihr Buch helfen." Eric hat in der Tat manche Anregungen gegeben und dreißig Minerale vorgeschlagen. Vielleicht kann eine ermutigende Bemerkung von Rudy Fahl am ehesten den Hauptzweck dieses Buches umschreiben: „Ihr Vorhaben, ein Buch über die schönsten Minerale und Kristalle der Welt herauszubringen, zeigt zugleich die Schönheit und das Wunder der Schöpfung Gottes."
Ich hoffe, daß es mir gelungen ist, die Wünsche von Eric und Rudy und allen anderen, die einen Beitrag leisteten, wenigstens teilweise zu erfüllen.

Peter Bancroft

Wie Minerale entstehen

Ein Museumsbesucher, der vor einer Kristallgruppe steht und ihre einmalige Schönheit bewundert, ihren Glanz, ihre erregende Farbe, die Vollkommenheit der einzelnen Kristalle und die bestechende Kombination von Mineralen, mag sich überhaupt nicht darüber im klaren sein, daß er da ein wirklich einmaliges Stück eines bestimmten Minerals vor sich hat.

Gut ausgebildete, ausstellungswürdige Minerale und Kristalle sind ausgesprochen selten. Auf ein hervorragendes Stück kommen viele von geringerer Qualität: Manche Mineralarten bilden (oder haben gebildet) weder große noch übermäßig viele Kristalle. So manche wunderbare Stufe geht bei ihrer Bergung zu Bruch. Ein Großteil aller Kristallgruppen verliert durch unsachgemäße Behandlung einen Teil der ursprünglichen Schönheit. So sind diejenigen Mineralstufen, die sowohl die Unachtsamkeit der Menschen als auch die Launen der Natur überleben, für Wissenschaftler und Laien gleichermaßen interessant. Lassen Sie uns einmal den „Lebenslauf" von drei der größten Exemplare, die jemals zutage getreten sind, verfolgen. Jedes bildete sich anders, wuchs anders, wurde in einem anderen Teil der Welt geborgen, hat eine Reihe von Ereignissen überstanden, von denen jedes für sich allein es hätte zerstören können, und existiert auch heute noch für sich allein in einer besonderen Umgebung.

Stellen Sie sich einen kleinen, formlosen Brocken reinen Kohlenstoff, also Kohle, vor, der vor Millionen Jahren viele Meilen tief in die Erde geriet. Er wurde in eine gigantische Schmelzmasse eingebettet, die Schmelze eines dichten Gesteins, und war extremen Drücken und Temperaturen von weit mehr als 1000 °C ausgesetzt. Kaum bemerkbar begannen in der Struktur des Kohlenstoffs Änderungen Platz zu greifen: Die Bildung eines Kristalls fing an. Über Äonen von Jahren hinweg verwandelte sich tief unter afrikanischem Boden das Kohlestückchen in ein neues Gebilde. Dann reißt die Erdkruste auf, es bilden sich senkrechte Klüfte: Das überhitzte Gestein beginnt langsam zur Erdoberfläche emporzusteigen. Schließlich kommt der Schmelzfluß zum Stillstand, und unser Kohlestückchen bleibt einige hundert Meter unterhalb der Erdoberfläche stecken, wo die hohen Temperaturen und der immense Druck schnell absinken.

Vor und während seiner anstrengenden Reise nach oben sind in dem Stückchen Kohle beachtliche Veränderungen vor sich gegangen. Das stumpfe Schwarz ist glänzendem Weiß gewichen. Es wurde durchsichtig, sehr hart und hat nun etwa die Größe einer Männerfaust; es ist zu einem für diese Mineralart riesigen Kristall geworden. Aber, und das ist wesentlicher, dieser Kristall hat seine ihm eigene Form entwickelt und hat seine neue Identität fast vollkommen rein und frei von Einschlüssen oder Fehlern ausgebildet. Andere Stückchen Kohle, die ihr Kristallwachstum im gleichen Gebiet begannen, sind trüb geworden. Andere wieder sind beim Erkalten zersprungen. Die allermeisten aber sind klein geblieben, was eine charakteristische Eigenschaft kristallinen Kohlenstoffs ist.

Wieder verstrich Jahr um Jahr. Die darüberlagernden Schichten wurden vom Wind verweht und vom Regen weggewaschen, bis der Kristall nur noch etwa zehn Meter unter der Oberfläche lag. Seine kleineren Geschwister wurden von Prospektoren gefunden, die auf dem blau gefärbten Felsen, dem Muttergestein, standen. Man trieb einen Schacht in die

Tiefe des Gesteins. Schließlich, im Jahr 1905, entdeckte ein Bergarbeiter den glänzenden Kristall, noch im Muttergestein eingebettet, und meldete seinen Fund dem Direktor des Bergwerks, F. Wells. Vorsichtig löste Wells mit seinem Taschenmesser den mit 3025 Karat (also rund 605 Gramm) größten Diamantkristall der Welt aus dem umgebenden Gestein. Er wurde zu Ehren des Generaldirektors der Premier Mine, wo man ihn gefunden hatte, „Cullinan" genannt und für 750000 Dollar an die Regierung von Transvaal verkauft. Später wurde er in Stücke gespalten, aus welchen 105 Brillanten geschliffen wurden. Aus dem größten Stück entstand ein einzigartig schöner Stein mit 530 Karat, also etwas über 100 Gramm. Er ziert heute das königliche Zepter und ist zusammen mit den anderen britischen Kronjuwelen in London ausgestellt. Der ursprüngliche Diamant existiert also leider nur noch auf Fotos.

Eine zweite Mineralstufe erblickte das Licht der Welt im Hinterland Brasiliens. Sie begann vor Millionen von Jahren als ein Stück Siliziumdioxid in einer Quarzader, die sich durch einen unterirdischen Pegmatitgang zog. Temperatur und Druck waren hoch, lagen aber deutlich unter den Werten, wie sie bei der Bildung des Diamanten aufgetreten waren. Kleine Kristalle begannen zu wachsen, jeder von ihnen bestrebt, seine Form vollkommen auszubilden. Aus Platzmangel mußten sich die Kristalle an der Basis eng zusammendrängen; nur ihre Spitzen ragten frei in den Hohlraum des Ganges. Manche dieser Kristalle waren milchig trüb, andere wieder rauchbraun.

Dann kam es zu einem einzigartigen Vorgang. Durch den Pegmatitgang stiegen heiße Gase auf, die nicht nur weitere Kieselsäure ablagerten, sondern auch kleine Mengen von Titan, das dem Rosenquarz die Farbe gibt, enthielten. Diese mit Mineralen befrachtete Lösung setzte auf den Flächen der schon vorhandenen Kristalle, besonders auf und in der Nähe der frei stehenden Spitzen, kleine Gruppen von Kristallen ab. Dieser Vorgang ist wohl bei der Bildung der Rosenquarze stets der gleiche.

Doch dieses Meisterwerk der Natur bedurfte noch einer letzten Krönung. Wieder drang ein Hauch heißen Dampfes in den Hohlraum ein. Er enthielt diesmal winzige Mengen Aluminium, Eisen und Mangan. Mutter Natur hauchte nun einen Kuß auf die großen Kristalle und hinterließ auf ihren Endflächen kleine Gruppen von glitzernden, bräunlichen Eosphoritkristallen. Das Meisterwerk war nun vollendet, wenn es auch noch Jahre dauerte, bis es vollständig abkühlte.

Der Tag seiner „Enthüllung" kam, als brasilianische Bergarbeiter, welche den Quarzgang abbauten, in den Hohlraum eindrangen, der die zarten Kristalle so lange vor Beschädigung geschützt hatte. Sofort erkannten sie, daß es sich hier um eine besonders bemerkenswerte Mineralstufe handelte. Vorsichtig wurde sie geborgen, verpackt und an ihren neuen Besitzer, Rudolf Becker in Idar-Oberstein, gesandt. Diese Mineralstufe bewies einer ungläubigen Fachwelt erstmalig, daß Rosenquarz nicht nur derb, sondern auch in schönen Kristallen vorkommt. Heute kann man mit Recht sagen, daß es sich hier um die schönste Rosenquarzstufe der Welt handelt; sie ist auf Seite 131 abgebildet.

Etwa sechshundert Meilen westlich von Sydney, fast eine Meile unter der Erdoberfläche, gab es vor vielen Millionen von Jahren ein mächtiges Lager von Blei- und Zinkmineralien. Die wichtigsten Minerale dieses Komplexes waren Bleiglanz und Zinkblende, die primären Sulfide von Blei und Zink. Teilweise waren sie in große Massen von Kalken eingebettet. Oberflächenwässer sickerten bis in den Erzkörper und durchdrangen ihn, wobei sie auch die überlagernden schweren Gesteine in Lösung enthielten. Als diese mineralreichen Lösungen beim Wiederemporsteigen in die Kalkformation eindrangen,

Liebhabern mit bescheidenen Möglichkeiten erfaßt. Die Bergakademien von Prag, Freiberg/Sachsen, Paris, Kopenhagen, Leningrad, Bukarest, São Paulo und Golden in Colorado sandten junge, kenntnisreiche Geologen aus – viele waren bereits Mineralienliebhaber – mit dem Auftrag, die besten erhältlichen Stücke für sich selbst und ihre Akademien zu erwerben. So entstand eine neue Gruppe fortgeschrittener Sammler. An ihrer Spitze stand Sir Arthur Russel in England, der seine Sammeltätigkeit schon mit acht Jahren, 1866, begann, als er unter Tage in einem Zinnbergwerk in Cornwall nach Kristallen suchte. Er hat während seines Lebens etwa 14000 Mineralstufen, viele davon mit eigenen Händen, gesammelt. Jedes noch in Betrieb befindliche Bergwerk Großbritanniens wurde von ihm aufgesucht. Das Resultat war eine der besten Sammlungen englischer Minerale, die je zusammengetragen wurde. Er entdeckte einige neue Mineralarten und fand andere als erster in Großbritannien. Durch schnellen Kaufentschluß erwarb er zwei hervorragende Sammlungen: die von Phillip Rashleigh (1728-1811) und die des Schriftstellers John Ruskin (1819-1900). Die öffentliche Anerkennung fand seine Leistung durch die Verleihung des Ehrendoktors der Naturwissenschaften der Universität Oxford. Nach seinem Tod (1964) ging seine Sammlung an das Britische Museum, Abteilung für Naturgeschichte, in London. Dort sind gleich am Eingang zur Mineralienabteilung zwei Schaukästen mit seinen Mineralen ausgestellt. Aus seiner Sammlung stammt auch die auf S. 91 abgebildete Witherit-Stufe, die er selbst gefunden hat.
Ein zweiter großer Sammler war Oberst Louis Vesignie. Er trug über 40000 Mineralstufen, Edelsteine, Kristalle, Meteoriten und geschliffene Steine zusammen. Nach seinem Tode 1954 vermachte er seine Sammlung dem Museum für Naturgeschichte in Paris, das Stücke aus seiner Sammlung in einem eigenen Raum am Ostende der Abteilung für Minerale ausstellt. Ganz besonders interessant sind die Kristalle von Turmalin, Topas und Aquamarin in Edelsteinqualität sowie ein geschliffener Alexandrit von 100 Karat (20 Gramm). Zu sehen sind auch zwei sehr schöne Diamantkristalle von 25 Karat (5 Gramm).
Private Sammlungen gibt es auf der ganzen Welt, und gar manche enthält einzigartige Stücke. Als besonders hervorragende Sammlungen sind in den Vereinigten Staaten zu nennen die von George Bideaux, Tucson; Alfred Buranek, Salt Lake City; Rock Currier in Ardsley, New York; William Pinch in Rochester, New York; Philip Gregory und E. M. Gunnel in Denver; Richard Hauck, Bloomfield, New Jersey; F. N. Hickernell, Cavendish, Vermont; Thomas McKee, Paradise Valley, Arizona; Charles Key, St. Petersburg, Florida; David Wilber, Reno, Nevada. In Kalifornien konzentrieren sich die Sammlungen von George Holloway, Northridge; John Jago, San Franzisko; Paul Patchick, Pebble Beach; William Sanborn, Newport Beach; John Sinkankas, San Diego; Edward Swoboda, Los Angeles; Roger Williams, Encino; D. Douglas Woodhouse, Santa Barbara.
In Europa wären zu nennen aus der Bundesrepublik Deutschland die Sammlungen von Herman Bank und Gerhard Becker in Idar-Oberstein und von Godehard Schwethelm in München; in Paris sind es die von Paul Fraenkel, Claude Guillemin und Henri-Jean Schubnel; in der Schweiz die von Werner Burger in Zürich, Walter Hofer in Interlaken, Valentin Sicher in Gurtnellen und von Huguenin-Stadler in Altdorf; dann Joaquin Folch Girona, Barcelona; Professor Th. Sahama, Helsinki; und schließlich Professor Heinz Meixner, Salzburg.
Andere wichtige Sammlungen sind die von Albert Chapman in Sydney, Australien;

Mette Sorensen in Narassak auf Grönland; und schließlich Sydney Pieters in Windhoek, Südwestafrika.

Der Sammler von heute bezieht häufig seltene Stücke nicht mehr vom Bergarbeiter oder Bergwerksbesitzer, sondern von Händlern oder Firmen, die mit Mineralen und Schmucksteinen handeln. Früher hatten die Händler ihre lokalen Aufkäufer in dem Land oder dem Bergwerk, aus dem das Material kam, um so den ersten Zugriff zu haben, wenn neue Funde gemacht wurden. Heute jedoch ergießen sich ganze Schwärme von Aufkäufern in festen zeitlichen Abständen über ein bestimmtes Gebiet. Besonders gut organisiert haben diese Methode die Japaner, Deutschen, Franzosen und Amerikaner. Für den Händler ist es wichtig, möglichst viele Grubendirektoren dafür zu gewinnen, daß sie ihm alle besonderen vor dem Gesteinsbrecher geretteten Stücke zum Kauf anbieten. Manche Firmen haben überall in der Welt eigene Gruben, vor allem in Brasilien. Einige ganz wenige Händler sind darauf spezialisiert, nahezu jede private Sammlung zu kennen und mit unheimlicher Treffsicherheit vorauszusagen, wann eine solche Sammlung zum Verkauf kommt.

Es gibt Großhändler, die nur mit größeren Mengen bestimmter Minerale handeln und nur an Wiederverkäufer verkaufen, oder sie führen nur Minerale bis zu 5 cm Kantenlänge, die für Studienzwecke, beispielsweise an Schulen, verwendet werden.

Es gibt in Europa und in den USA Hunderte von Händlern, die ihre Kunden im Geschäft oder auch privat in der eigenen Wohnung bedienen. Sie reisen gelegentlich mit ihrem Sortiment zu Verkaufsausstellungen, im deutschen Sprachgebiet meist Mineralienbörse genannt. Andere Händler wieder verkaufen nur sehr große Stücke, die als dekorative Schaustücke in Holz oder Metall gefaßt sind, während wieder andere nur Versandgeschäfte betreiben.

Kuratoren, Sammler und Händler publizieren neue Funde in einer Vielfalt von Zeitschriften über Edelsteine und Minerale. Viele Jahre lang gab es nur wenige, und sie wurden mit minimalem Aufwand für einen engen Abnehmerkreis gedruckt. Mit der Entwicklung der Farbfotografie, des Offsetdruckes und dem spektakulären Anstieg der Zahl der Liebhaber nahm auch die Anzahl der Zeitschriften zu; Umfang und Qualität stiegen. Außerdem gab es jetzt spezielle Blätter für Handel und Verkauf, Vereinszeitschriften und Veröffentlichungen von Universitäten und Messen.

Viele Universitäten und Museen veröffentlichen heute Broschüren, teilweise mit Farbillustrationen, über einzelne Mineralarten oder über Stücke aus den eigenen Sammlungen. Man druckt Postkarten von ausgesuchten, farbigen Kristallen, die im Museumsfoyer oder im Schreibwarenladen gekauft werden können.

Kuratoren, Sammler, Bergleute, Fotografen, Edelsteinschleifer, Goldschmiede, Professoren, Spezialforscher, Schriftsteller, Herausgeber und „rock hounds", sie alle, die planen, wühlen und Schweiß vergießen, sind die Pioniere unserer Tage, die Menschen mit Visionen, die Prospektoren unserer Zeit.

Gefahren

Auf der ganzen Welt steigern Umweltschützer ihre Bemühungen, Seen und Flüsse rein zu halten, den Schadstoffausstoß von Autos und Fabriken zu vermindern, das Aussterben des indischen Nashorns, des kalifornischen Grauwales und des mittelamerikanischen Quetzalvogels zu verhindern.

Ähnliche Anstrengungen werden unternommen, um ein steinernes Bildnis Ramses III. aus der zwanzigsten Dynastie zu erhalten und zu sichern, oder eine Bronze aus der Zeit der T'ang-Dynastie oder ein Gemälde von Sir Thomas Lawrence aus dem achtzehnten Jahrhundert. Vermögen werden ausgegeben für Planung und Bau atemberaubender Kunstpaläste, wo jedes Meisterwerk unter genauestens überwachter Temperatur und Luftfeuchtigkeit aufbewahrt wird und wo die Möglichkeit der Beschädigung oder des Verlustes durch Ungeziefer, Vandalismus oder Diebe auf ein Minimum reduziert ist.

Ähnliche Vorkehrungen für die Meisterwerke aus dem Reich der Kristalle und Minerale gibt es gar keine und nirgends. Es fängt damit an, daß die Bildung eines vollkommenen Kristalls in der Natur langwierig und seine Erhaltung eine höchst unsichere Sache ist. Die Epidote aus dem Sulzbachtal bei Salzburg, die Turmaline von Mesa Grande und der Amazonenstein von Pikes Peak haben sich sicherlich ursprünglich als vollkommene Kristalle in den Hohlräumen eines Pegmatit- bzw. eines hydrothermalen Ganges gebildet. Aber Erdbeben und zirkulierende Wässer, die im Winter zu Eis erstarrten, haben Scherdrücke hervorgerufen, die eine beträchtliche Anzahl der Kristalle beschädigten, lange bevor Bergleute die Kristallhöhlen öffneten. Auch sind die Stellen, an denen Minerale in Edelsteingüte vorkommen, nicht gesetzmäßig in einem Pegmatit verteilt. So kann man eine Sprengladung zu stark machen oder zu nahe an einer Druse anlegen, mit der Folge katastrophaler Schäden an den Kristallen. Kleinere Hohlräume mit Kristallen mögen von den Bergleuten beim trüben Schein der Berglampe oft gar nicht erkannt werden und so zusammen mit dem Gestein in den Abraum oder Gesteinsbrecher gelangen. Auch wenn eine noch unbeschädigte Kristallkluft entdeckt wird, bleibt die unversehrte Bergung ein sehr schwieriges Unterfangen. Auch auf dem Weg aus dem Bergwerk heraus drohen Beschädigungen. Jeder einzelne Schritt der ganzen Prozedur birgt neue Gefahren.

Verheerende Brände haben wertvolle Minerale für immer vernichtet, welche die Gefahren des Abbaues und des Sammelvorganges überlebt haben. Viele Sammlungen wurden durch Kriegseinwirkung zerstört. Gar manche Beschädigungen guter Kristalle rühren von unsachgemäßer Handhabung oder Lagerung her. Im Lauf der Jahre sind im Übermaß glänzende gelbe Kristalle in schönen Gruppen und mit meist tadellosen Kristallflächen aus den sizilianischen Schwefelbergwerken zum Vorschein gekommen. Und dennoch kamen von Hunderten für dieses Buch ins Auge gefaßten Stufen nur fünf in die engere Wahl: Nahezu jeder untersuchte Schwefelkristall zeigte Beschädigungen an seinen Endflächen, Beschädigungen, die ihm offensichtlich erst nachträglich, außerhalb des Bergwerks, zugefügt worden waren.

Zahlreiche Minerale gehen jedes Jahr verloren, weil sie in nachlässig gebauten oder ungeeigneten Schränken aufbewahrt werden. Verheerend wirkt die übermäßige Hitzeentwicklung allzu vieler Beleuchtungskörper auf Opale, Kristalle mit Einschlüssen von Was-

ser und Minerale, die lichtempfindlich sind und deren Farbe im Lauf der Zeit auch im Tageslicht allmählich verblaßt.
Manche Minerale dürfen nicht nebeneinander im gleichen Schächtelchen, ja nicht einmal im gleichen Schrank aufbewahrt werden. Das gilt besonders für Sulfide und andere schwefelhaltige Minerale, da Schwefelatome das Bestreben haben, sich zu vereinigen bzw. mit den Elementen anderer Minerale Verbindungen einzugehen. Ein zerfallendes Stück Chalkopyrit (Kupferkies) muß nicht alt sein; schuld am Zerfall mag vielleicht elementarer Schwefel oder eine Gruppe von Pyritkristallen daneben sein. So geschah es, daß eine wunderbare Gruppe von Pyrargyritkristallen, die für dieses Buch empfohlen worden war, als man sie genauer untersuchen wollte, in fünf oder sechs Teile zerfiel. Eine Pyritmasse hatte ursprünglich die Kristalle miteinander verkittet. Sie hatte sich dann aber im Lauf der Jahre soweit zersetzt, bis sie schließlich nicht mehr im Stande war, die Gruppe zusammenzuhalten.
Ein mehr „menschliches" Übel dagegen ist die Diebstahlgefahr, der heutzutage jedes schöne Mineral überall auf der Welt ausgesetzt ist. Mineraliendiebe tun es inzwischen an Geduld und Geschicklichkeit Bankeinbrechern gleich. Natürlich beeilen sich Museen und auch private Sammler, Diebstahlsicherungen einzubauen, aber in vielen Fällen eben erst *nach* einem Diebstahl. Geraubt wurden die unschätzbar wertvollen Smaragde des Amerikanischen Museums für Naturkunde, der herrliche, 133 Karat schwere weiße Colenso-Diamantkristall des Britischen Museums sowie große Teile der einzigartigen Mineraliensammlung der Yale-Universität. Auch private Sammlungen werden ausgeraubt. Mindestens drei Sammler und ein bekanntes europäisches Museum verweigerten einen Beitrag zu diesem Buch, weil sie befürchteten, daß diese Art von Publizität die falschen Leute auf ihre Sammlungen aufmerksam machen könnte. Viele ganz große Mineralschätze sind unwiederbringlich dahin, da die Diebe die Steine sofort in für Schmuck geeignete Größen zerschnitten.
Andere hervorragende Minerale und Kristalle gehen verloren, weil sie großen kommerziellen Wert haben. Wunderschöne Aquamarine, Smaragde, Zoisite und Rubine werden in Stücke zerlegt, die sich als Schmuck fassen lassen. Viele der allerschönsten Kristalle der Welt erlitten dieses Schicksal, weil man auf diese Weise ihren kommerziellen Wert noch steigern kann. Der Cullinan-Diamant, ein Kristall von 3025 Karat, 605 Gramm also, war der größte je gefundene Diamant; er wurde in mehr als einhundert Steine gespalten und zerschnitten und ist uns nun für immer verloren.
Das größte Modell in der Mineraliensammlung des Britischen Museums, Abteilung für Naturgeschichte, ist das Welcome-Stranger-Gold-Nugget, das im Februar 1869 bei Moliagul, Victoria, Australien, gefunden wurde. Es wog 2520 Unzen, also knapp 94 Kilo, und hatte damals einen Wert von 9534 englischen Pfund. Gefunden hatten es zwei Prospektoren am Fuße eines Baumes, wo es durch einen vorbeifahrenden Wagen teilweise bloßgelegt worden war. Sie verkauften es zum Handelswert an eine Bank, und dann wurde es eingeschmolzen. Ein Steinobelisk bezeichnet heute noch die Fundstelle. Sehr wahrscheinlich wird ein vergleichbares Nugget nie wieder gefunden werden. Fast alle großen Gold- und Platinklumpen, die in den verschiedenen Museen der Welt ausgestellt sind, sind nur bemalte Gipsabgüsse des Originals.
Die größten Verluste entstehen durch das in Bergwerken übliche Sammelverbot. In Edelsteinminen werden die Kristalle sofort an Beauftragte der Firma weitergegeben. Aber in Gruben, wo man Kupfer-, Blei-, Uran-, Zink- und andere Erze abbaut, ist das

nicht der Fall. Es wird hier nicht nur mißbilligt, wenn Bergleute sammeln. Es kann sogar sein, daß sie Gefahr laufen, ihren Arbeitsplatz zu verlieren oder gar vor Gericht gestellt zu werden. Arbeitsunterbrechungen zum Sammeln und genauen Durchsuchen des gebrochenen Gesteins sind kostspielig und nicht ungefährlich. Aber die Verluste an ausgewählt schönen Kristallen müssen bei dieser Praxis unglaublich hoch sein.

Einige der schönsten heute existierenden Azurit- und Malachit-Kristallstufen stammen aus der berühmten Copper Queen Mine bei Bisbee in Arizona. In den Jahren zwischen 1890 und 1910 haben die Sammler unter den dort Beschäftigten viele leuchtend blaue und grüne Aggregate aus den Loren geholt, die zur Gesteinsmühle rumpelten. Heute hat die Phelps Dodge Corporation, die Besitzerin der Berggerechtsame von Bisbee, einige ihrer Mitarbeiter beauftragt, in der Mine die Minerale zu sammeln, die die Firma dann zum Verkauf anbietet.

Bis vor kurzem beschäftigte das Blei- und Kupferbergwerk bei Tiger, Arizona, einen Mitarbeiter damit, im Abbau Mineralstufen zu sammeln, die dann in einem Geschäft der Gesellschaft verkauft wurden. Manche wunderbaren Kristalle von Dioptas, Caledonit, Linarit, Cerussit und Wulfenit wurden so geborgen und an Händler und Sammler verkauft. Leider fand diese Praxis ihr Ende, als der Collins-Schacht, der Hauptschacht dieses Bergwerkes, 1966 in Brand geriet.

Ganz das Gegenteil erfahren wir aus einem neueren Bericht: Arbeiter in einem Bergwerk bei M'Pasa in Zaire hatten einen riesigen Hohlraum mit den sehr seltenen Chalkosinkristallen (Kupferglanz) entdeckt. Man schätzte den Inhalt dieser Tasche auf die unglaubliche Menge von fünfzehn Tonnen. Als dann angeordnet wurde, die Kristalle auszuräumen und in den Schmelzofen zu befördern, wurden ganze zehn durch einige Arbeiter gerettet, denen es gelang, sie vor den scharfen Augen der Aufseher zu verbergen.

Auch Naturgegebenheiten tragen zur zunehmenden Knappheit von Kristallen und Mineralen bei. Die meisten Erzlagerstätten haben in ihren oberen Bereichen eine Zone mit Oxiden und Karbonaten, „eiserner Hut" genannt, während nach unten zu und in der Tiefe massive Sulfide vorherrschen. Viele der ansprechendsten Minerale der Welt kommen gerade in den reichsten Zonen des „eisernen Hutes" vor (Azurit, Rhodochrosit, Smithsonit, Malachit, Mimetesit, Calcit und Fluorit), der sich bis zur Erdoberfläche erstrecken und dort zutage treten kann. Solche „Ausbisse", die Malachit oder Azurit enthalten, zwei der farbenprächtigsten Minerale, kann man bisweilen schon aus mehreren Meilen Entfernung erkennen. Folglich sind auch die meisten Lagerstätten inzwischen bekannt und ausgebeutet: Die Möglichkeit, daß größere Oxidationszonen bisher noch unentdeckt geblieben sind, ist sehr gering.

Vielfach stößt man beim Abbau aber überhaupt nicht auf reiche Oxidationszonen. In solchen Fällen werden, wenn überhaupt, nur wenige ansehnliche Karbonatminerale zutage gefördert. Hinzu kommt, daß die meisten großen Kupfer- und Bleilagerstätten schon längst in ihrer Oxidationszone durchteuft sind und nun in der Zone der kompakten Sulfide abgebaut wird. So wird es schöne Oxid- und Karbonatminerale, die ohnedies schon schwer zu finden waren, wohl nie mehr in größeren Mengen geben.

Während die Nachfrage nach schönen Mineralen ständig wächst, geht bei vielen Arten die Belieferung ständig zurück. Heute müssen Mineralienliebhaber alles daransetzen, daß die klassischen Mineralstufen unserer Zeit erhalten bleiben, oder künftige Generationen müssen ihre Neugierde auf das Betrachten der vorhandenen Farbaufnahmen und das Studium von Gipsmodellen beschränken. Zwar gibt es bestimmte Gesteine nahezu überall, aber außergewöhnliche Minerale, wie sie in diesem Buch abgebildet sind, gibt es wirklich nur noch in verschwindend geringer Menge.

Eine neue Dimension

An der mehrdimensionalen Kunst des Sammelns von Mineralen können auch Sie teilhaben, vorausgesetzt, Sie sind normal neugierig, sind bereit, viel Zeit aufzubringen, und – das ist das wichtigste – haben von Natur aus ein klein wenig übrig für Symmetrie, Farbe und Anordnung.

Herrliche Minerale, Kristalle und Edelsteine können uns ebenso tief berühren wie große Werke der Musik und der bildenden Kunst. Wenn sich auch die meisten Liebhaber von Gesteinen und Kristallen kaum mehr ihrer Voreingenommenheit und Befangenheit bewußt sind, so haben doch einige die Fähigkeit bewahrt, einen gewöhnlichen Stein immer noch als alltäglichen Gegenstand anzusehen. Besessene Sammler sehen Schönheiten an einem Stück Fels, das anderen wertlos, trist und uninteressant erscheint. In Japan ist es üblich, besondere Kieselsteine, die stimulieren und sich angenehm in die Hand schmiegen, als „Fühlsteine" zu gebrauchen. Man trägt diese Steine griffbereit in der Tasche. Sie haben selten eine bestimmte Farbe und sind meist ganz unauffällig. Trotzdem erreichen sie ansehnliche Preise.

Mehr und mehr werden Natursteine, Natursteinplatten, Steinplastiken und andere Gegenstände aus Stein zur Ausschmückung von Wohnungen, Büros, Gärten und von Foyers in öffentlichen Gebäuden benützt. Große Kristallgruppen oder Brocken von leuchtend gefärbten Erzen werden mit Kunststoffen oder Holz zu Kunstgegenständen kombiniert, die für Leute bestimmt sind, die nie zuvor eine Mineralstufe besessen haben. Manche Sammler sprechen stark auf die spezielle Schönheit einer gut kristallisierten Mineralstufe an. Sie sehen bewegte Seen mit moosbedeckten Ufern, wo Einschnitte und Vertiefungen sind, mit Pinien bestandene Abhänge, wo Prismenflächen sich erstrecken, und die steilen Endflächen, das sind dann die Berggipfel. Diese Leute sind keineswegs nicht ganz bei Trost. Es sind Menschen, welche die wahre Schönheit in den Werken der Natur gesucht und auch gefunden haben.

Unsummen werden jedes Jahr ausgegeben für Geschmeide mit geschliffenen Edelsteinen, die ja in Wirklichkeit nichts anderes sind als Bruchstücke von Mineralen und Kristallen. Aber man kann auch den Stein in seiner natürlichen Form dem zurechtgeschnittenen und polierten Edelstein vorziehen.

Seit eh und je nahmen Minerale das Auge des Menschen gefangen. Kräftige, strahlende Farben und vollkommene Kristallformen vereinen sich oft zu einer Schönheit, mit der nur Meisterwerke der Natur wie Schmetterlingsflügel oder ein Sonnenuntergang wetteifern können. Heutzutage beleben viele Juweliere ihre Auslagen gerne mit ungeschliffenen Kristallen des Minerals, das Rohmaterial für den ausgestellten Schmuck war.

Überhaupt geht beim Schmuck der Trend dahin, statt geschliffener Steine den naturbelassenen Kristall zu verwenden. Man faßt sogar synthetische Kristalle in Gold!
Warum beeindruckt die Schönheit der Kristalle so? Wenn es auf diese Frage eine Antwort gibt, dann muß sie von denen kommen, die diese Schönheit empfinden. Doch eins ist sicher: Wohl jeder wird unter den Beschäftigungsmöglichkeiten mit Kristallen – sei es das Schürfen, Untersuchen, Sammeln oder Schleifen – eine für sich geeignete finden. Der Sammler kann sein eigenes Material in den Bergen und Tälern suchen. Ist ihm das Glück hold, bringt er nach Hause, was Rücken oder Auto gerade noch tragen können. Die schönsten Stücke mag er für sich aussuchen, die schlechten wegwerfen oder in den Garten legen und die Duplikate mit seinen Freunden tauschen. Eignen sich die Steine für Schmuck, kann er nach Lust und Laune oder Geschicklichkeit zurechtschlagen, sägen, schleifen, polieren oder gravieren. Wenn Sie echte Neidgefühle erleben wollen, dann schauen Sie sich einmal eine umfangreichere Sammlung an, in der jedes Stück selbst gefunden wurde.
Der Sammler, der alle Möglichkeiten seines Hobbys ausschöpfen möchte, sollte sich in erster Linie zum Aufbau einer eigenen Sammlung entschließen, dann seine Möglichkeiten abschätzen und von da ausgehen. Bedeutende Sammler haben gewisse Eigenschaften gemeinsam: beträchtliche Kenntnisse in Mineralogie und Geologie, ausreichende finanzielle Mittel, Zeit und Gelegenheit für Reisen, angeborene Zielstrebigkeit und Beharrlichkeit, Vorstellungsvermögen, ein erkleckliches Maß an Geduld und anscheinend auch eine gute Portion Glück.
Viele Sammler spezialisieren sich. Die einen suchen besonders vollkommene Kristalle, während andere nur Minerale einer bestimmten Größe erwerben. In der Mietwohnung kann man ohne weiteres eine Sammlung von Kleinmineralen unterbringen. Und im möblierten Zimmer findet unter dem Bett die Sammlung von 300 Stück in Daumennagelgröße (etwa 2 × 2 cm) Platz. Es gibt Sammler, die beim Blick durch das Mikroskop auf die atemberaubende Welt der „micromounts" ebensoviel Vergnügen empfinden wie die, die ohne solche Beschränkungen leben. Micromounts meint Minerale, die so klein sind, daß man die einzelnen Kristalle erst bei entsprechender Vergrößerung sieht.
Für manche Sammler ist das Wichtigste die Farbe. Ob pastellfarbener oder rosa Morganit, lavendelfarbener Amethyst, blauer Fluorit, orangefarbener Wulfenit, oder die kräftigeren, satten Farben von dunkelblauem Aquamarin oder Hemimorphit, pechschwarzem Cassiterit (Zinnstein) oder Turmalin und tiefgrünem Pyromorphit oder Dioptas – sie alle finden ihre Bewunderer. Dann gibt es Sammler, die kaum an Farbe und Größe interessiert sind, sondern nur an der Seltenheit ihrer Stücke. Andere wieder spezialisieren sich auf Stücke, bei denen mindestens zwei verschiedene Minerale vergesellschaftet sind. Eine andere rasch wachsende Gruppe sammelt nur Minerale eines bestimmten Fundpunktes oder Gebietes, eines Bergwerks, einer Landschaft oder eines Landes.
Gegenwärtig hat nahezu jedes Gestein, das ein bißchen ungewöhnlich aussieht, Handelswert. Manche Läden machen ein flottes Geschäft mit Mineralen, die der fortgeschrittene Sammler für zu groß, fehlerhaft oder als von minderer Qualität erachtet. Seltsam geformte Steine, die entfernt einem Gesicht, einem Schiff auf hoher See oder einer Schleiereule ähneln, reizen von sich aus zum Sammeln. Und Millionen von trommelpolierten Steinen werden (in Amerika) für Sammelpunkte auf allen möglichen Verpackungen verteilt.
In bekannten Abbaugebieten und an bekannten Fundpunkten, wo es sehr viele Sammler gibt, ist sehr wahrscheinlich die Konkurrenz groß. Gegenden, in denen heutzutage noch

FUND-PUNKTE

180
150
120
90
60
75
60
45
30
15
0
15
30
45
60
Washington
New Hampshire
Colorado
New York
Kalifornien
Arizona
North Carolina
Niederkalifornien
Mexiko
Kolumbien
Brasilien
Bolivien
Chile
Maßstab auf dem Äquator
0 1000 2000 3000 Meilen
0 1000 2000 3000 4000 Kilometer
Mercatorprojektion
HML

0
30
90
120
150
180
75
60
45
30
15
0
15
30
45
60
Schweden
Norwegen
Finnland
UdSSR
England
Tschechoslowakei
Österreich
Rumänien
Frankreich
Schweiz
Italien
Portugal
Sardinien
Griechenland
Sizilien
Marokko
China
Burma
Tansania
Südwestafrika
Madagaskar
Südafrika
Australien
Tasmanien
Goode Base Map Series, Abteilung für Geographie an der Universität zu Chicago.
Copyright Universität von Chicago.
KU
Westliche Länge
Östliche Länge
60

mehr Material produziert wird, als bei den ortsansässigen Sammlern untergebracht werden kann, sind Mexiko, Australien, Madagaskar, Mozambique, die Schweiz, Kanada, Brasilien und Chile. Gebiete wie die pazifischen Inseln, die meist vulkanischen Ursprungs sind, bieten einen geringeren Artenreichtum an Mineralen.
Mineralienhändler sind eine wichtige Quelle für jeden Sammler. Sie geben Ratschläge beim Aufbau einer Sammlung und besorgen gewünschte Stücke. Die meisten Händler haben keine eigene Sammlung und helfen gern.
Fortgeschrittene Sammler sind im allgemeinen sehr beschäftigte Leute. Sie sind aber an ihrem Hobby derart interessiert, daß sie gewöhnlich ihre Erfahrungen auch Anfängern zugänglich machen.
Amateure, die selber handeln wollen, sollten sehr gut über Marktwerte Bescheid wissen, z. B. die Gängigkeit des gewünschten Minerals kennen und wissen, wie ein annehmbares, ein gutes oder gar ein ausgezeichnetes Stück jeder Art aussehen muß. Sie sollten auch wissen, was in anderen Sammlungen fehlt und gesucht wird – alles unschätzbare Hilfen für Tauschaktionen.
Der wahre Sammler achtet darauf, daß seine Kristalle nicht gegeneinander oder an eine harte Fläche stoßen. Vor ihre Sammlungsschränke legen sie dicke Teppiche für den Fall, daß ein Kristall zu Boden fällt. Die Minerale müssen trocken, kühl und staubfrei aufbewahrt werden. Gute Sammlungsschränke bieten ein Maximum an Ausstellungsfläche, richtige Beleuchtung, die Möglichkeit attraktiver Präsentation und das gewünschte Maß an Sicherheit. Das beste Licht geben Punktstrahler, die allerdings auch viel Hitze entwickeln, so daß man Ventilatoren braucht. Der Hinter- und Untergrund ist vielfach in Pastelltönen gehalten, auch hellgrau, beige oder weiß. Da die Minerale tunlichst nur von dem, der die Sammlung betreut, in die Hand genommen werden sollten, empfehlen sich Schlösser an allen Schränken. Besonders wertvolle Sammlungen sollten elektronisch gesichert in fensterlosen Räumen untergebracht, mit Spezialschlössern versehen, durch direkte Alarmleitungen mit der Polizei oder wachsamen Nachbarn verbunden oder im Tresor untergebracht sein. Alles das ist geeignet, Diebe abzuschrecken.
Wenn man alle diese Punkte beachtet und beharrlich bei der Sache bleibt, wird eine Sammlung mit jeder Zuerwerbung auch an Wert zunehmen. Schlechte Minerale werden immer billig sein. Gute Minerale behalten ihren Wert, wobei Kristalle, die man als „ausgezeichnet" bezeichnen kann, einen erstaunlichen Wertzuwachs erfahren. Man kann sagen, daß ausgesucht gute Minerale während der letzten fünf oder zehn Jahre ihren Wert zumindest verdoppelt haben. Es gibt kaum ein anderes Hobby, dessen Objekte derart dramatisch im Wert steigen. Bevor Sie die Sammlung, welche die letzten zehn Jahre im Keller ein Dornröschendasein geführt hat, verkaufen, informieren Sie sich über die augenblicklichen Preise. Vielleicht entscheiden Sie sich dann dafür, Ihre Sammlung noch weitere zehn Jahre aufzuheben.
Die Freundschaften, die ein Sammler durch sein Hobby schließt, führen ihn in Sammelgebiete, von denen er nie geahnt hat, und bringen ihn mit anderen Sammlern, Händlern und Steinschleifern zusammen. Und das beste: Es erschließen sich ihm neue Quellen der Freude, er sieht ihm bisher unbekannte Gegenden, freut sich an neuem Tun und gewinnt Freunde, die sich mit ihm über seine Erfolge freuen. Wer an seiner Sammlung mit Ausdauer und Tatkraft arbeitet, erfährt das einzigartige Erlebnis vollen persönlichen Einsatzes und wird – vielleicht – mit der Zeit stolzer Besitzer von Schätzen, die einen Platz unter den schönsten Mineralen und Kristallen der Welt beanspruchen können.

Tafelteil

Goldkristalle

Sammlung: Britisches Museum, Abteilung für Naturgeschichte, London
Kurator: Peter Embrey
Größe: 12,7 cm × 6,1 cm

Gold war schon immer ein wichtiger Faktor, der das Schicksal des Menschen beeinflußt hat. Unzählige Male war es die Triebkraft seiner Phantasie und Ursache seines Todes. Zu Beginn des legendären kalifornischen Goldrausches schrieb Horace Greeley in der „Tribune": „Das Zeitalter des Goldes steht vor der Tür."

Heute hat das Schürfen nach Gold in nur schwach goldhaltigem Gestein und Flußsanden viel von seinem einstigen Zauber verloren. Dennoch fragt fast jeder Besucher einer Mineraliensammlung nach Gold, wenn er es nicht schon selbst gefunden hat. Gold präsentiert sich meist in Gesteinsbrocken, z. B. in schneeweißem Quarz als eingelagerte Blättchen, in Flittern oder als Klümpchen. Kristalle sind die Ausnahme; gut ausgebildete Kristalle sind sehr selten. Manchmal wachsen die Kristalle als federförmige Wedel auf durchscheinenden Quarzflächen. Gelegentlich gibt es auch einen gut ausgebildeten Kristall von annehmbarer Größe. Doch auf die Frage: „Wo befindet sich die schönste Stufe von kristallisiertem Gold?" antworteten die meisten Gutachter: „Im Britischen Museum!"

Diese Stufe erhielt aufgrund ihrer Fundumstände den Namen „Latrobe": Gerade am 1. Mai 1835, als Charles Joseph Latrobe, Gouverneur des Staates Victoria in Australien, die Goldmine McIver Mount besuchte, wurde im Minenbüro der Fund eines ungewöhnlich großen Goldklumpens gemeldet. Man zeigte ihn dem Gouverneur und benannte ihn ihm zu Ehren „Latrobe Gold Nugget". Er war mit 717 Gramm für ein Nugget nicht außergewöhnlich groß, und es scheint niemand bemerkt zu haben, daß es sich bei diesem Goldklumpen um die größte und bestausgebildete Gruppe von Goldkristallen handelte, die es gab und gibt. Die Goldwürfel haben zum Teil mehr als 1 cm Kantenlänge. Die kräftige Farbe verdankt das Nugget einer Beimengung von wenigen Prozent Kupfer. 1856 wurde das Gold an das Britische Museum, Abteilung für Naturgeschichte, verkauft; aus Sicherheitsgründen ist dort nur ein Gipsabguß ausgestellt. Das Original ruht unsichtbar für das Publikum in einem Tresor tief im Museum.

Andere außergewöhnliche Goldkristalle gibt es in den Sammlungen der Universität von Witwatersrand, Johannesburg, und in dem Museum der Wells Fargo Bank, San Franzisko.

Vorgeschlagen von Claude Guillemin, Paris
Fotografiert von Peter Green und Frank Greenaway, London

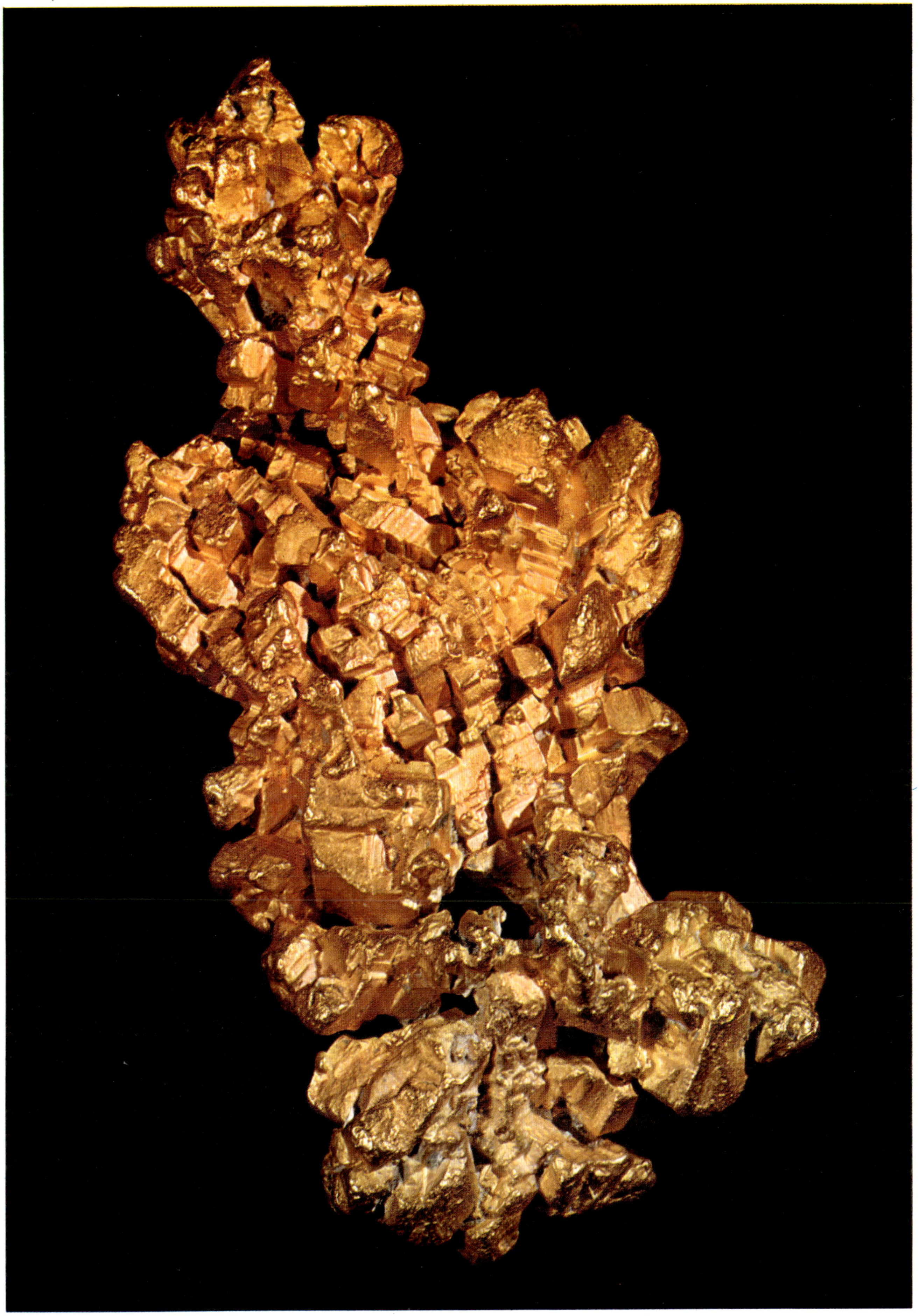

Aquamarin

Sammlung: Smithsonian Institution, Washington
Kurator: Paul Desautels
Größe: 24 cm × 8,9 cm

Aquamarin ist die blaue oder blaugrüne Varietät der Beryllfamilie. Er hat Edelsteineigenschaften: überdurchschnittliche Härte (sie überschreitet die von Quarz), genügend Feuer, ist hinreichend selten und hat – was recht wichtig ist – gefällige Farbtöne. Aquamarin ist ein Beryllium-Aluminium-Silikat. Seine Kristalle sind längliche, hexagonale Prismen mit für gewöhnlich ebenen oder doch fast ebenen Endflächen. Einer der größten je gefundenen Aquamarine von Edelsteinqualität wog 110,5 kg und kam aus Morambaya, Minas Gerais, Brasilien. Der vom einen bis zum anderen Ende klar durchsichtige Kristall wurde in den zwanziger Jahren gefunden. Er erzielte damals 25000 Dollar. Andere schöne Aquamarine kennt man von der Insel Elba; den Mourne Mountains, County Down, Irland; den Adun-chilon-Bergen, Nertschinsk, Transbaikalien; von Miask im Ural und Mursinsk bei Swerdlowsk, alle UdSSR; aus dem Habachtal bei Salzburg; von Santa Rita de Arassuahy und Teofilo Otoni, beide Minas Gerais, Brasilien; von Royalston, Worcester County, Massachusetts; vom Mount Antero, Chaffee County, Colorado; und von Rincon, San Diego County, Kalifornien, alle USA.
Den abgebildeten Kristall erhielt die Smithsonian Insitution 1962 von der Parser Mineral Corporation in Connecticut. Er wurde in der Nähe von Teofilo Otoni gefunden. Es gibt viele große, ausgesucht schöne Aquamarinkristalle. Dieser hier wurde wegen seiner Transparenz, seiner intensiven Farbe und seiner vollkommenen Kristallform ausgewählt. In der Sammlung der Smithsonian Institution hat er die Nummer 115228.
Weitere außergewöhnliche Aquamarinkristalle gibt es in den folgenden Sammlungen: Fersman-Museum für Mineralogie, Moskau; Sammlung Herman Bank, Idar-Oberstein; Sammlung Petronio Miglio, Teofilo Otoni, Brasilien; Harvard-Universität, Cambridge, Massachusetts; Amerikanisches Museum für Naturgeschichte, New York; Bergakademie, Paris; Museum für Naturgeschichte, Mailand; Museum Feire de Andrade, Laurenço Marques, Mozambique; Museum für Naturgeschichte, Santa Barbara, Kalifornien.

Vorgeschlagen von Robert Swader, Arlington, Virginia
Fotografiert von Earl Lewis, Los Angeles, Kalifornien

Mimetesit

Sammlung: Gerhard Becker, Idar-Oberstein
Größe: 7 cm × 4,5 cm

Mimetesit ist chemisch eine Verbindung von Blei- und Arsenoxid, die auch kleine Mengen von Chlor enthält. Er kommt meist in der Oxidationszone von Bleilagerstätten vor und ist damit ein Bleierz untergeordneter Bedeutung. Gewöhnlich tritt Mimetesit in braunen oder gelblichen rostähnlichen Massen auf. Bisweilen schließen sich die Kristalle zu runden, warzenförmigen Aggregaten zusammen. Schöne, durchsichtige Kristalle wurden gefunden bei Santa Eulalia in Mexiko; bei Mammoth in Arizona; in Transbaikalien und in Johanngeorgenstadt.

Durchsichtige Kristalle waren unbekannt, bis eine Reihe von Hohlräumen mit Mimetesitkristallen in Edelsteinqualität in einem Bleiabbau von Tsumeb, Südafrika, aufgedeckt wurden. Seit seiner Eröffnung im Jahre 1851 kam aus diesem Abbau eine ganze Reihe hervorragender Stufen von kristallisierten Kupfer-, Blei- und Eisenmineralen.

Die abgebildete wunderschöne Gruppe gelber Mimetesitkristalle ist nach übereinstimmendem Urteil die beste, die es gibt. Sie wurde 1971 in Tsumeb gefunden. Der größte Kristall ist 2,3 cm lang.

Andere außergewöhnliche Mimetesite befinden sich in folgenden Sammlungen: Smithsonian Institution, Washington; Bergakademie Freiberg/Sachsen; Naturhistorisches Museum, Wien; Bergakademie, Madrid; Universität Paris, Fakultät für Naturwissenschaften; Britisches Museum, Abteilung für Naturgeschichte, und Geologisches Museum, beide in London; Sammlung Sydney Pieters, Windhoek, Südwestafrika.

Vorgeschlagen von Edward Swoboda, Los Angeles
Fotografiert von Karl Hartmann, Sobernheim

Apatit

Sammlung: Joaquin Folch Girona, Barcelona
Größe: 11,3 cm × 10,5 cm

Der weltweit verbreitete Apatit kommt gemeinhin in Form mikroskopisch kleiner Kristalle vor oder als mächtige Lager. Bis zu 2,5 cm lange Kristalle sind nicht selten. Einige in Kanada gefundene sollen über 250 Kilogramm schwer gewesen sein. Schöne, durchsichtige Kristalle aber sind selten und werden von Sammlern teuer bezahlt. Apatit hat eine mittlere Härte 5; seine vielen Farbnuancen, die von Grün über Violett und Rosa bis zu Weiß und Gelb reichen, sind mit die schönsten, die man bei einem Mineral kennt. Manche Apatite fluoreszieren, und nicht wenige phosphoreszieren. Im wesentlichen besteht dieses Mineral aus den Oxiden von Phosphor und Calcium, wozu noch Fluor und Chlor kommen. Bei den Kristallen überwiegen hexagonale Prismen. Abraham Gottlob Werner (1749-1817) gab ihm 1788 den Namen Apatit (von griechisch „apatao" = täuschen), weil er bis dahin gerne mit Beryll, Quarz, Fluorit und Diopsid verwechselt worden war. Schöne Apatite wurden in den Schweizer Alpen in Klüften unweit des Rhônegletschers gefunden, in der Reuss-Schlucht unweit Intschi und im Val Cristallina. Andere ausgesucht schöne Kristalle kennt man von Schlaggenwald in Böhmen; Biella in Piemont, Italien; Cerro de Mercado, Durango, Mexiko; der Mine Siglo Vente bei Catavi, Bolivien; vom Mount Apatite bei Auburn, Maine, USA, von wo die Apatite mit dem tiefsten Purpurrot kommen.

Die abgebildete Kristallstufe wurde 1966 in der berühmten Mine Panasqueira bei Fundão, Portugal, gefunden. Aus den Bergwerken dieses Gebietes kamen in den letzten Jahren Tausende attraktiver Stufen von Arsenopyrit, Wolframit, Quarz, Apatit, Pyrit und anderen Mineralen, gewöhnlich in sehr interessanten Paragenesen. Natürlich gibt es noch größere Apatitkristalle von schöner Qualität. Aber das hier abgebildete Stück erhielt den Vorzug aufgrund seiner makellosen Schönheit und der wunderbaren Kombination schön kristallisierter Minerale. Joaquin Folch Girona erhielt die Stufe im Jahre 1967 von einem Händler aus Fundão. Der schwarze Kristall ist Wolframit. Den weißen bzw. farblosen Quarz überzieht teilweise in einer gelblichen Schicht das glimmerähnliche Mineral Cookeit. Apatit ist der hexagonale tafelige rötlichviolette Kristall.

Andere außergewöhnliche Apatite gibt es in den folgenden Sammlungen: Sammlung Godehard Schwethelm, München; Naturgeschichtsmuseum, Bonn; Bergakademie, Freiberg/Sachsen; Britisches Museum, Abteilung für Naturgeschichte, London; Harvard-Universität, Cambridge, Mass.; Smithsonian Institution, Washington; Naturhistorisches Museum Wien; Nationalmuseum, Prag, Fersman-Museum für Mineralogie, Moskau.

Vorgeschlagen von Stephen Smale, Berkeley, Kalifornien
Fotografiert von Francisco Bedmar, Barcelona

Anglesit

Sammlung: Britisches Museum, Abteilung für Naturgeschichte, London
Kurator: Peter Embrey
Größe: 9,5 cm × 8,3 cm

Anglesit ist ein wichtiges Bleierz. Das für gewöhnlich stark glänzende Mineral kommt in den Farben Weißgrau, Grau, Grün, Blau und Gelb vor. Es ist spröde, hat eine geringe Härte (2,5–3) und eine hohe Dichte. Anglesitkristalle sind gewöhnlich prismatisch ausgebildet. Sie entstehen durch Oxidation von Bleiglanz und kommen so in der Oxidationszone von Bleilagerstätten vor. Begleitminerale sind Pyromorphit, Linarit, Caledonit, Wulfenit, Mimetesit und Schwefel. Anglesit erhielt seinen Namen nach dem ersten Fundort, der Pary-Mine auf der Insel Anglesy in Wales.

Schöne Kristalle dieses Minerals gibt es auch von folgenden Fundpunkten: Sidi-Amor-ben-Salen, Tunesien; Nertschinsk in Sibirien; Littfeld in Westfalen; Bleiberg, Kärnten; Leadhills, Dumfries, Schottland; Huelgoat, Bretagne; Abbau Monte Poni, Sardinien; Broken Hill, New South Wales, Australien; Mount Zeehan, Tasmanien, Australien; Sierra de los Lamentos, Chihuahua, Mexiko; Mine Wheatley, Phoenixville, Chester County, Pennsylvania; Cœur d'Alene, Shoshone County, Idaho; Castle Dome, Yuma County, Arizona.

Diese großartige Stufe wurde 1805 bei Matlock in Derbyshire, England, gefunden. Im Jahre 1862 tauschte sie Dr. Cantrell aus Hirksworth, Derbyshire, mit dem Britischen Museum, Abteilung für Naturgeschichte. Sie zeigt sehr große, gut ausgebildete, durch und durch gelbe Kristalle, deren größter eine Länge von 5,2 cm hat. Die Inventarnummer ist 34732.

Andere auserlesene Anglesite sind in folgenden Sammlungen zu finden; Bergakademie, Paris; Museum der Universität von Lüttich; Bergakademie, Madrid.

Vorgeschlagen von Lloyd Tate, San Marcos, Texas
Fotografiert von Peter Green und Frank Greenaway

Wulfenit

Sammlung: Harvard-Universität, Cambridge, Massachusetts
Kurator: Clifford Frondel
Größe: 10,2 cm × 6,4 cm

Schöne Wulfenitstufen zeigen einige der exotischsten Farben, die wir bei Mineralen kennen. Sie reichen von Honiggelb über Olivgrün bis zu Orange und Feuerrot. Obzwar die Kristalle relativ weich sind (Härte 3), beeindrucken manche ungemein durch Glanz und Farbe. So sind makellose Stufen von guter Qualität für Sammlungen sehr gefragt. Wulfenit wird als Erz von Molybdän und Blei abgebaut. Schöne Kristalle kennt man von: Sidi Rouman, Tebessa, Algerien; Mindouli, Kongo; Djebel Mahser, Marokko; Pribram, Böhmen; Christmas Gift Mine, Chillagoe, Queensland, und Broken Hill, New South Wales, beide Australien; Sierra de los Lamentos, Chihuahua, Mexiko; Mammoth-Mine, Santa Catalina Mountains, Pinal County, Arizona. Den Namen hat Wulfenit nach dem Jesuiten F. X. Wulfen (1728–1805), einem seinerzeit sehr bekannten österreichischen Mineralogen.
Die abgebildete Stufe wurde aus Hunderten von auserlesenen Stücken ausgewählt aufgrund der phantastischen Farbe, der Größe der Kristalle und weil sie in einer Grundmasse von Limonit aufsitzt. Sie wurde in den zwanziger Jahren in der Red Cloud Mine gefunden, die in den Trigo Mountains in Arizona liegt. Aus der Red Cloud Mine stammen einige Bleiminerale mit dem kräftigsten Rot und Orange, das wir kennen. Gute Kristalle werden dort immer noch gelegentlich in der Tiefe der verlassenen Stollen gefunden. Die Stufe wurde als Bestandteil der Sammlung Burrage mit dieser von der Harvard-Universität gekauft und hat die Inventarnummer 98351.
Andere schöne Wulfenite gibt es in den folgenden Sammlungen: Sammlung Thomas McKee, Paradise Valley, Arizona; Sammlung George Bideaux, Tucson, Arizona; Museum für Zentralafrika, Tervuren, Belgien (ein wunderschöner, sehr großer, orangefarbener Kristall); Bergakademie, Paris; Fakultät für Naturwissenschaften, Paris; Museum für Naturgeschichte, Paris; Britisches Museum, Abteilung für Naturgeschichte, London; Geologisches Museum, Pretoria, Südafrika; Smithsonian Institution, Washington.

Vorgeschlagen von Jack Winters, Boston, Massachusetts
Fotografiert von Earl Lewis, Los Angeles, Kalifornien

Millerit

Sammlung: Smithsonian Institution, Washington
Kurator: Paul Desautels
Größe: 12,7 cm × 15,3 cm

Millerit ist ein seltenes Nickelerz, dessen messinggelbe Kristalle gewöhnlich in Form radialstrahliger Aggregate auftreten. Die Spießchen wachsen in Hohlräumen, zusammen mit anderen Nickel- und Eisenmineralen. Manchmal verwachsen die Millerithärchen zu einem Knäuel, der im Vergleich zu den frei in Calcit oder Limonit gewachsenen Kristallen stumpf und unansehnlich wirkt. Das Mineral bildet sich bei niederen Temperaturen. Gute Kristalle kennt man von: Keokuk, Iowa; St. Louis, Missouri; Johanngeorgenstadt, Sachsen; Orford Township, Quebec. Benannt wurde Millerit nach seinem Entdecker H. W. Miller (1801–1880).

Die hier abgebildete bemerkenswerte Stufe zeigt eine Gruppe radialstrahlig angeordneter Milleritkristalle in einem Hohlraum des Eisenerzes Hämatit. Sie wurde in der Sterling Mine bei Antwerp, New York, gefunden. In der ausgezeichneten Sammlung der Smithsonian Institution gibt es noch eine zweite, kleinere Milleritstufe von ausgezeichneter Qualität. Doch die Gutachter befanden die abgebildete Stufe für die bessere. Sie gelangte an die Smithsonian Institution im Oktober 1927 mit der Sammlung von Frederick A. Canfield. Ihre Sammlungsnummer ist C 24.

Andere Sammlungen mit schönen Stufen von Millerit: Bergakademie, Freiberg/Sachsen; Nationalmuseum, Prag; Sammlung Douglas Reif, Kalona, Iowa.

Vorgeschlagen von John Jago, San Franzisko
Fotografiert von Earl Lewis, Los Angeles

Benitoit

Sammlung: Josephine Scripps, San Luis Rey, Kalifornien
Größe: 21,6 cm × 12,7 cm

Als Benitoit im Jahre 1907 in einer verlassenen Berggegend unweit Coalinga in Kalifornien zum erstenmal gefunden wurde, hielt man ihn für Saphir. Damals waren in dieser Gegend nur vereinzelte Abbaue auf Quecksilber und Chrom in Betrieb. Die Kristalle glänzten edelsteinartig und hatten die tief kornblumenblaue Farbe von Saphir. Erst relativ spät wurde festgestellt, daß die Kristalle nicht so hart (6,5) wie Saphir (9) sind, womit es einen neuen, wunderschönen Edelstein gab. Er wurde Benitoit genannt, weil der Abbau am Fluß San Benito lag.
Benitoit ist weicher als Edelsteine im allgemeinen und wurde so, da er sich zu leicht abnützt, geschäftlich zu einer Enttäuschung. Auch war er nur sehr beschränkt lieferbar. Aber der frische Glanz und die schöne blaue Farbe machten den Schmuckstein zum begehrten Objekt für Mineralien- und Edelsteinsammler. Als Schmuckstein erhält Benitoit meist Treppen- oder Brillantschliff. Benitoitkristalle kommen in den schneeweißen Natrolithadern des grünen Gesteins Serpentinit .vor. Freigelegt werden die Kristalle gewöhnlich, indem man den begleitenden Calcit mit Säuren weglöst. Sie sind meist kleiner als 2,5 cm und tendieren zu einer federartigen Ausbildung, so daß große, fehlerlose Kristalle sehr selten sind. Der größte geschliffene Benitoit in Edelsteinqualität wiegt nur 6,5 Karat (wenig mehr als ein Gramm) und befindet sich in der Sammlung der Smithsonian Institution. Begleitminerale sind Neptunit, Chalkosin, Chrysokoll, Aktinolith, Albit, Calcit, Joaquinit, Aragonit und Psilomelan. Die Benitoitmine liegt etwa neun Meilen südöstlich der Quecksilbermine New Idria, San Benito County, Kalifornien. Es gibt auf der ganzen Welt keine andere Stelle, wo man Benitoit in guter Qualität oder größerer Menge findet.
Die abgebildete Stufe wurde als die schönste, die es gibt, ausgewählt, weil die Kristalle groß und von guter Qualität sind, ihre Vergesellschaftung mit dem Natrolith sehr attraktiv und das Handstück selbst sehr groß ist. Gefunden wurde sie im Jahre 1956. Miss Scripps kaufte sie aufgrund eines schriftlichen Angebots, ohne sie vorher gesehen zu haben.
Andere Sammlungen mit schönen Stufen von Benitoit: Sammlung Edward Swoboda, Los Angeles; Amerikanisches Museum für Naturgeschichte, New York.

Vorgeschlagen von Glen Frost, La Jolla, Kalifornien
Fotografiert von Earl Lewis, Los Angeles

Silberkristalle

Sammlung: Bergbaumuseum Kongsberg, Norwegen
Größe: Große Gruppe: 11 cm × 9 cm; kleiner Kristall: 6,5 cm × 4,9 cm

Silberkristalle sind sehr selten und in Größen von über 8 mm eine ausgesprochene Rarität. Die Kristalle der größeren Stufe, es sind ihrer 15 (!), erreichen Größen von 13 mm. Viele zeigen die Form gut ausgebildeter Würfel. Die kleinere Stufe zeigt den größten bekannten Silberkristall und ist insofern einmalig. Sie ist auch ein schönes Beispiel für einen verzwillingten Kristall. Daß es sich um Zwillinge handelt, erkennt man an dem V-förmigen Einschnitt am oberen Ende an der Spitze. Links unten wächst aus dem Kristall eine kleine Locke. Viele Kenner halten diesen kleinen Kristall für die allerbeste Ausprägung des Minerals Silber auf der ganzen Welt.
Die beiden Stufen gehören zu der berühmten Silbersammlung des Bergbaumuseums Kongsberg. Nirgendwo sonst kann man so viel Silber in Kristallform oder als Lockensilber sehen. Und kein Mineraloge und Liebhaber von Naturschönheiten sollte, wenn er in Oslo ist, den Besuch des Museums mit seinen Silberstufen versäumen. In dem Raum, in dem die riesige Silbersammlung untergebracht ist, reihen sich die Schaukästen mit haarförmigem Silber einer an den anderen. Und andere Silberstufen liegen unter Glas auf alten Loren, die schon vor langer Zeit zum letztenmal durch die düsteren Stollen des Silberbergwerks Kongsberg rumpelten.
Gefunden wurden diese Stufen 1934 in Schacht Guds Hjelp i Nøt (Schacht Gottes Hilfe in der Not), und zwar tief unten, etwa 300 Meter unter dem Meeresspiegel. 1956 wurde der Silberabbau eingestellt. Während es im allgemeinen durchaus möglich ist, daß ein aufgelassener Schacht wieder in Betrieb genommen wird, sehen die Bergleute in Kongsberg keine großen Chancen. Es kann gut sein, daß wirklich schönes, gediegenes Lockensilber nie wieder in größeren Mengen gefunden wird. So dürfte das vorhandene gediegene Silber im Lauf der Zeit immer seltener werden, und schöne Stufen werden immer mehr die Aufmerksamkeit auf sich ziehen, besonders die prachtvollen Exemplare im Bergbaumuseum zu Kongsberg.

Vorgeschlagen von C. Douglas Woodhouse, Santa Barbara, Kalifornien
Fotografiert vom Fotoatelier Teigens, Oslo

Phosphophyllit

Sammlung: Edward Swoboda, Los Angeles
Größe: 7,6 cm × 5 cm

Eines der seltensten Minerale ist das wunderschöne, blaugrüne Zink-, Eisen- und Mangan-Mineral Phosphophyllit. Es hebt sich von anderen Mineralen ab durch seine gefällige Farbe, hohen Glanz und Transparenz, ist aber für Facettenschliff viel zu weich (Härte 3,5). Doch haben seine lebhafte, fast von Blau nach Grün fluoreszierende Farbe und seine Seltenheit es zu einem der gesuchtesten Minerale gemacht. Zum erstenmal wurde Phosphophyllit 1913 in Form kleiner, blaß gefärbter Kristalle bei Hagendorf in der Oberpfalz gefunden. Er tritt dort als sekundäre Bildung in einem Pegmatit auf, vergesellschaftet mit Zinkblende, Apatit, Vivianit und einer ganzen Reihe anderer seltener Minerale. Phosphophyllit fand zunächst wenig Beachtung, bis in kompaktem Pyrit in einer Tiefe von etwa 600 Metern mehrere Lager dieses Minerals gefunden wurden, und zwar in der größten Silber- und Zinnmine bei Potosí, Bolivien. Potosí ist ein alter, 5000 m hoch gelegener Bergwerksort in den Anden. Von hier, am Vulkan Cerro Rico de Potosí, holten vor Jahrhunderten die Spanier das viele Silber, mit dem sie die Armada finanzierten, die dann gegen die englische Flotte erfolglos blieb. Einige ganz wenige, schön gefärbte und gut ausgebildete Phosphophyllit-Kristalle wurden um 1950 in der Mine gefunden. Sie waren so wertvoll, daß man Bergarbeitern, in deren Besitz man Kristalle fand, mit Gefängnis drohte. Die Größe der Kristalle schwankte zwischen 0,6 und 1,2 cm.

Der hier abgebildete einmalige Kristall ist nahezu doppelt so groß wie der nächstgrößere. Er hat eine extrem leuchtende Farbe und ist großenteils völlig durchsichtig. Gesammelt wurde er von dem Bolivianer Aurilio Bustos und gelangte im September 1971 an Edward Swoboda.

Weitere Sammlungen mit schönen Kristallen von Phosphophyllit: Amerikanisches Museum für Naturgeschichte, New York; Sammlung Philip Gregory, Denver, Colorado; Smithsonian Institution, Washington; Bergakademie, Paris; Sammlung Peter Bancroft, Ramona, Kalifornien.

Vorgeschlagen von Robert Ramsey, San Diego, Kalifornien
Fotografiert von Earl Lewis, Los Angeles

Smithsonit

Sammlung: David Wilber, Reno, Nevada
Größe: 10,7 cm × 10,6 cm

Dieses großartige Aggregat von Smithsonitkristallen widerlegt die Behauptungen manches Mineralogielehrbuches aus der Zeit vor 1960, daß man Smithsonit (auch Zinkspat genannt) nur in sehr kleinen Kristallen findet. In den vergangenen Jahren kamen aus Tsumeb in Südwestafrika in geringen Mengen Aggregate kleiner Smithsonitkristalle in den Farbtönen Weiß, Grün, Rosa, Lavendel und Gelb. Dabei überwogen die rosa gefärbten, und Kristalle von 2,5 cm galten als extrem groß. Gelbe Kristalle wurden nur wenige gefunden, und sie waren unweigerlich recht klein.
Die hier gezeigte Stufe wurde 1969 bei Abenab, unweit Tsumeb, zutage gefördert. Ihr größter Kristall mißt 5,6 cm × 3,8 cm. Ausgewählt wurde sie wegen ihrer riesigen Kristalle, der außergewöhnlichen Farbe, der perfekten Ausbildung und der gefälligen Anordnung der Kristalle.
Andere Sammlungen mit schönen Smithsoniten: Fakultät für Naturwissenschaften der Universität, Paris; Bergakademie, Paris; Britisches Museum, Abteilung für Naturgeschichte, London; Harvard-Universität, Cambridge, Massachusetts; Smithsonian Institution, Washington; Nationalmuseum, Prag.

Vorgeschlagen von Robert Ramsey, San Diego, Kalifornien
Fotografiert von Earl Lewis, Los Angeles

Fluorit

Sammlung: Museum für Naturgeschichte, Bern
Kurator: H. A. Stalder
Größe: 14,2 cm × 8,7 cm

Wunderschöne Kristalle des Minerals Fluorit werden an vielen Stellen auf dem Erdball gefunden. Sie haben meist die Form von Würfeln oder Oktaedern, und es gibt sie in einem breiten Spektrum von Farben: Himmelblau, Blaugrün, Hell- oder Dunkelgrün, Gelb, Braun, Violett, Weiß, farblos, Schwarz und – ziemlich selten – Rosarot. Die meist hell glänzenden Kristalle treten oft in wunderbaren Gruppierungen auf und sind bisweilen mit Quarz, Calcit, Baryt, Bleiglanz, Dolomit und Anhydrit vergesellschaftet. Manche zeigen parallel zu den Kristallflächen verschiedene Farben. Derartige Stücke in guter Qualität sind sehr teuer. Viele Fluorite fluoreszieren, manche phosphoreszieren. Fluorit wird als Ausgangsstoff bei der Herstellung von Flußsäure gebraucht, in der Stahlindustrie als Flußmittel und bisweilen auch in der Glasindustrie. In China und Japan hat man aus den grünen und blauen Varietäten allerlei exotische Gegenstände hergestellt, die die Sammlung so manches Museums und Privatmannes zieren. Hervorragende Kristalle von Fluorit kennt man von: Weardale, Durham, England (wasserklar, purpur und grün gefärbt); Cleator Moor, Cumberland, England (sehr große gelbe und lavendelblaue Kristalle); Freiberg/Sachsen (tiefblau); Schlaggenwald in Böhmen (zusammen mit Kupferkies und Apatit); Monte Realejo, San Luis Potosí, Mexiko (klar hellgrün); Rosiclare, Hardin County, Illinois (große gelbe, orange- und purpurfarbene Kristalle); Muscalonge-See, Jefferson County, New York (große grüne Würfel); Clay Center, Ottawa County, Ohio (wasserklare braune Würfel); Castle Dome, Yuma County, Arizona (lavendelfarbene Oktaeder); Madoc, Hastings County, Ontario, Kanada (in Kristallen von optischer Qualität).
Die abgebildete Kristallstufe wurde aus Hunderten von prachtvollen Kristallen in märchenhaften Farben ausgewählt. Von allen Varietäten wird rosa Fluorit am meisten geschätzt wegen seiner zierlichen, fürwitzigen Kristalle und weil er sehr selten ist. Diese Stufe ist ein ganz hervorragendes Beispiel für die rosagefärbte Varietät. Sie wurde 1958 beim Bau des Kraftwerks bei Göschenen in der Schweiz gefunden, und zwar – wie die meisten Fluorite – in Granit. Man hat bei der Bergung größte Vorsicht walten lassen, um die Kristalle nicht zu beschädigen. Die Stufe wurde noch im Jahre 1958 von Kaspar Nell aus Göschenen dem Berner Museum für Naturgeschichte übergeben.
Andere Sammlungen, in denen sich schöne rosa Fluorite befinden: Sammlung E. M. Gunnell, Denver, Colorado; Naturgeschichtliches Museum, Wien; Sammlung Emil Swoboda, Los Angeles; Museum für Naturgeschichte, Paris; Britisches Museum, Abteilung für Naturgeschichte, London; Humboldt-Universität, Berlin.

Vorgeschlagen von Peter Indergand, Göschenen
Fotografiert von Karl Buri, Bern

Cuprit

Sammlung: Britisches Museum, Abteilung für Naturgeschichte, London
Kurator: Peter Embrey
Größe: 8,8 cm × 6 cm

Cuprit, ein Kupfermineral, tritt in Form von Würfeln oder Oktaedern (Oktaeder: regelmäßiger, von acht gleichseitigen Dreiecken begrenzter Körper) auf. Er ist ziemlich weich (Härte 3,5–4), spröde und gelegentlich durchscheinend. Trotz weiter Verbreitung des Minerals sind Kristalle, die 1,2 cm überschreiten, selten. Cuprit bildet leicht Pseudomorphosen, d. h. er behält seine Kristallform bei und geht chemisch in ein anderes Mineral über, nämlich in Malachit und gediegenes Kupfer. Wir finden ihn häufig als Überzüge aus kleinsten Kristallen auf gediegenem Kupfer und alten Gegenständen aus Kupfer oder Bronze. Der Name Cuprit ist abgeleitet von Cuprum, dem lateinischen Wort für Kupfer. Gute Kristalle sind bekannt von Redruth, Cornwall, England; Chessy, Lyon; Szaszka im Banat, Ungarn; Bogoslowsk, UdSSR; Rheinbreitbach und Siegen, Westfalen; Broken Hill, New South Wales, Australien; Queenstown, Tasmanien, Australien; Shaba, Zaire; Tsumeb, Südwestafrika; Arakawa, Japan; Corocoro, La Paz, Bolivien; Bisbee, Arizona.

Die abgebildete schöne Stufe kaufte das Britische Museum, Abteilung für Naturgeschichte, 1875 von R. Talling. Gefunden wurde sie 1868 in der Phoenix-Mine unweit Liskeard in Cornwall. Der größte Kristall hat eine Länge von 3,1 cm. Die Inventarnummer ist 46255.

Andere Sammlungen mit schönem Cuprit: Sammlung der Bank of Bisbee, Bisbee, Arizona; Sammlung Thomas McKee, Paradise Valley, Arizona; Universität von Kopenhagen; Mineralogisches Museum Fersman, Moskau; Zentralafrikanisches Museum in Tervuren, Belgien; Bergakademie, Paris; Sengier-Cousin-Museum in Jadotville, Shaba, Zaire.

Vorgeschlagen von George Botham, London
Fotografiert von Peter Green und Frank Greenaway, London

Hauerit · Skutterudit · Boleit · Thorianit · Malachit

Sammlung: Bergakademie Paris
Kurator: Claude Guillemin

Die mineralogische Sammlung der Bergakademie in Paris ist sehr reich an schönen Mineralen. Hier sind fünf Stücke abgebildet, jedes von ihnen einmalig und einzigartig in seiner perfekten Kristallausbildung und Größe.

Hauerit Größe: 7,5 cm × 7,5 cm (oben rechts)
Dieses Exemplar wurde 1892 in der Destricella-Mine bei Raddusa auf Sizilien gefunden, und 1893 gab es Herr Baraffael, Chefingenieur der Mine, an das Museum. Hauerit, ein extrem seltenes Mineral, besteht im wesentlichen aus Mangansulfid. Er kommt mit Kalk und Schwefel zusammen vor. Gefunden wurde das Mineral auch bei Collingwood auf Neuseeland. Seine Inventarnummer ist 603.
Skutterudit Größe: 9,5 cm × 6,5 cm (oben links)
enthält Kobalt, Arsen und Nickel. Das wenig verbreitete Mineral kommt nur selten in gut ausgebildeten, mehr als 2,5 cm großen Kristallen vor. Seinen Namen hat es vom ersten Fundpunkt, Skutterud in Norwegen. Gefunden wurde der wunderbare Kristall bei Ihrtem in Marokko. Die Inventarnummer ist 16077.
Boleit Größe: 1,9 cm × 1,9 cm (Mitte rechts)
Ursprünglich gehörte dieser Kristall zur Sammlung des französischen Bergingenieurs Edouard Cumenge (1828–1902). Gefunden wurde er im Jahre 1889 bei Boleo, unweit Santa Rosalia in Niederkalifornien, Mexiko. Boleit setzt sich zusammen aus Blei, Kupfer, Silber und Chlor. Der abgebildete ist der größte bekanntgewordene Kristall. Wer Kleinminerale sammelt (Minerale unter einer Größe von 2,5 cm), weiß, daß dies ein außergewöhnlicher Kristall ist. Seine Inventarnummer ist 776.
Thorianit Größe: 9 cm × 9 cm (unten links)
Der bemerkenswerte Kristall ist, soweit bekannt, der mit Abstand größte gut ausgebildete Thorianitkristall. Er wiegt 2,2 kg. Das sehr seltene Mineral von hoher Dichte besteht im wesentlichen aus Thorium. Gefunden wurde es 1962 bei Fort Dauphin auf Madagaskar. Seine Inventarnummer ist 6222.
Malachit (Pseudomorphose nach Cuprit) Größe: 4,5 cm × 4,5 cm (unten rechts)
Der grüne Kristall war ursprünglich ein sehr großer roter Cupritkristall, der im Lauf der Jahre zwar seine Kristallform beibehalten hat, aber chemisch in das grüne Kupferkarbonat Malachit übergegangen ist. Er gehört zu der Privatsammlung Claude Guillemin und befindet sich in der Bergakademie nur als Leihgabe. Gefunden wurde er ungefähr 1910 bei Chessy in der Gegend von Lyon. Seine Inventarnummer ist 15724.

Vorgeschlagen von John Jago, San Franzisko
Fotografiert von Jacques Six, Paris

Cerussit

Sammlung: Australisches Museum, Sydney
Kurator: Oliver Chalmers
Größe: 33,3 cm × 26,3 cm

Eines der interessantesten unter den überwiegend weißen Mineralen ist Cerussit. Einige Stufen zeigen extrem glänzende, gedrungene Kristalle, die auf anderen als längliche, tafelige Prismen aufgewachsen sind. Cerussit ist ein Mineral von sehr hoher Dichte und geringer Härte (3–3,5), das in Form farbloser, weißer oder grauer Kristalle vorkommt. Von den Römern erhielt es schon vor Christi Geburt den Namen ‚cerussa'. Cerussit ist ein sekundäres Bleierz. Es kommt häufig in der Verwitterungszone von Bleiglanz- und Kupferlagerstätten vor. Begleitminerale sind Limonit, Malachit, Smithsonit, Azurit, Phosgenit und Anglesit. Cerussit bildet gern Kristalle anderer Mineralarten nach, und so gibt es das Mineral auch in Pseudomorphosen nach Linarit, Caledonit und Leadhillit. Sogar auf antiken Münzen und anderen Gegenständen aus Blei kommt es vor. Von den zahllosen Fundpunkten, von denen schöne Kristalle bekannt sind, können hier nur wenige angeführt werden: Tsumeb, Südwestafrika; Sidi-Amor-ben-Salen, Tunesien; Beresowsk, Ural; Leadshill, Lanarkshire, Schottland; Poullauen, Bretagne; Rezbanya, Komitat Bihar, Ungarn; Wardner, Cœur d'Alene, Idaho; Mammoth-Mines, Pinal County, Arizona.
Die abgebildete Stufe wurde im Block 14 der Proprietary-Mine, Broken Hill, New South Wales, gefunden. Broken Hill ist einer der frühen Bergwerkorte Australiens, von wo eine ganze Reihe seltener und schön gefärbter Minerale und Kristalle stammt, die auf der Welt kaum ihresgleichen finden. Die ästhetische Ausbildung und Anordnung der schneeweißen Kristalle und die Länge des größten Kristalls (28,7 cm) machen diese Stufe zu einer der besten Kristallgruppen überhaupt.
Weitere Sammlungen, in denen schöne Cerussite zu finden sind: Sammlung Albert Chapman, Sydney; Bergakademie, Freiberg/Sachsen; Bergakademie, Madrid; Bergakademie und Museum für Naturgeschichte, beide in Paris; Britisches Museum, Abteilung für Naturgeschichte, London; Mineralogisches Institut, Rom; Naturhistorisches Museum, Prag; Harvard Universität, Cambridge, Massachusetts; Smithsonian Institution, Washington.

Vorgeschlagen von Albert Chapman, Sydney
Fotografiert von Charles Turner, Sydney

Uwarowit

Sammlung: Professor Th. Sahama, Helsinki
Größe: 19 cm × 16 cm

Uwarowit gehört der Granatfamilie an. Granate treten in den verschiedensten Farben auf, in Rot, Braun, Grün, Gelb, Weiß und Schwarz. Dabei entspricht jeder Farbe eine bestimmte chemische Zusammensetzung des Minerals. Uwarowit erhält seine smaragdgrüne Farbe durch den Chromgehalt (ca. 12% Cr_2O_3). Seine Kristalle sind sowohl hart (Härte 6–7,5) als auch glänzend, was Uwarowit zu einem gesuchten Edelstein macht. Die seltenen Kristalle findet man entweder in Glimmerschiefern oder in derbem Quarz. Zu den wenigen Fundorten für Uwarowit gehören: Orford, Quebec, Kanada; Pitkaranta am Ladogasee, Finnland; Saranowskaya im Ural; Wood's Chromite Mine, Lancaster County, Texas; New Idria, San Benito County, Kalifornien.
Die abgebildete Stufe wurde von Th. Sahama, Professor an der Universität von Helsinki, 1966 bei Outokumpu in Finnland gefunden. Professor Sahama war 300 m unter Tage in Europas größtem Kupferabbau auf einen großen Quarzblock gestoßen. Als er sah, daß darin Uwarowitkristalle eingebettet waren (neben Chromepidot, Glimmer und Diopsid), schleppte er den fast elfeinhalb Kilo schweren Quarzblock an die Oberfläche. Wie sehr war er aber überrascht, als er auch im Innern des Blockes sehr gute Kristalle fand, obwohl der ganze Block durch Sprengungen stark beschädigt war und sich noch dazu auf der Rückseite die Spuren eines Bohrloches fanden. Drei Monate dauerte es, bis der überflüssige Quarz entfernt und die bisher größten und am schönsten ausgebildeten Uwarowitkristalle freigelegt waren. Der größte Kristall hat die Maße 4,6 cm × 2,7 cm. Der zweitgrößte ist ein Rhombendodekaeder mit einem Durchmesser von 2,5 cm, und sieben weitere überschreiten 13 mm.
Andere Sammlungen mit schönen Uwarowitstufen: Smithsonian Institution, Washington; Sammlung F. N. Hickernell, Cavendish, Vermont; Bergakademie, Freiberg/Sachsen.

Vorgeschlagen von Frederick Pough, Santa Barbara, Kalifornien
Fotografiert von Otso Pietinen, Helsinki

Azurit

Sammlung: Smithsonian Institution, Washington
Kurator: Paul Desautels
Größe: 17,9 × 8,3 cm

Dieser prächtige Azuritkristall wurde etwa im Jahre 1905 bei Tsumeb in Südwestafrika gefunden. Der Grubenort Tsumeb liegt rund 400 km nördlich von Windhoek. Entdeckt wurde diese Lagerstätte 1851, und seit dieser Zeit kamen von ihr unzählige ausgezeichnete Stufen von Kupfer-, Blei- und Zinkmineralen. Auch heute noch werden dort sehr schöne Minerale gefunden. Azurit ist ein Kupferkarbonat, das in tafeligen, scharf begrenzten, außergewöhnlich glänzenden Kristallen mit guten Endflächen vorkommt. Gewöhnlich findet man ihn in den obersten Partien der Oxidationszone als Sekundärbildung. Er ist ein wichtiges Kupfererz und häufig mit Malachit, Cuprit, Chalkosin, Limonit und Calcit vergesellschaftet. Die bisweilen durchscheinenden Kristalle sind gewöhnlich tiefdunkelblau bis mittelblau. Das Mineral ist aufgrund seiner geringen Härte (3,5–4) kaum als Schmuckstein geeignet. Azurit kommt in allen Kupferlagerstätten rund um die Welt vor; hervorragende Kristalle kennt man von: Bisbee, Arizona; Clifton, Arizona; Magdalena, Socorro County, New Mexico; Laurion, Griechenland; Alghero, Sardinien; Chessy bei Lyon; Solotuschinsk, Altai, Sibirien; Moldawa, Ungarn; Kielce, Polen; Wallaroo, Adelaide, und Moonta, Südaustralien; Broken Hill, New South Wales, Australien. Der Name Azurit kommt vom persischen „lazaward" und heißt ganz einfach blau.

Diese Stufe hier übertrifft viele andere schöne Stufen von Azurit. Sie wurde ausgewählt wegen ihrer nahezu idealen Kristallausbildung, Größe und Schönheit. Stellenweise ist sie in das grüne Kupfermineral Malachit übergegangen. Ihre Inventarnummer ist B 10629.

Andere Sammlungen mit hervorragenden Stufen von Azurit: Harvard Universität, Cambridge, Massachusetts; Amerikanisches Museum für Naturgeschichte, New York, Fersman-Museum für Mineralogie, Moskau; Nationalmuseum, Prag; Britisches Museum, Abteilung für Naturgeschichte, London; Bergakademie Freiberg/Sachsen; Museum Guimet in Lyon.

Vorgeschlagen von Frank Gulick, Falls Church, Virginia
Fotografiert von Earl Lewis, Los Angeles

Euklas

Sammlung: Britisches Museum, Abteilung für Naturgeschichte, London
Kurator: Peter Embrey
Größe: 9,6 cm × 5,1 cm

Euklas ist ein sehr seltener und daher wenig bekannter Edelstein. Er hat eine mehr als mittlere Härte (7,5), einen ausgeprägten Glanz und bildet prismatische Kristalle mit guten Endflächen. Er ist farblos, weiß, blaßgrün, seegrün, blau oder lavendel. Der häufig durchsichtige Stein sieht geschliffen dem Aquamarin und dem Spinell sehr ähnlich. Euklas hat eine ausgeprägte, vollkommene Spaltbarkeit. Chemisch ist er ein Beryllium-Aluminium-Silikat, das in Metamorphiten und Pegmatiten vorkommt. Euklas kennt man von folgenden Fundstellen: Freiwiesalp im Rauriser Tal, Salzburg; Großglockner und Mölltal, Kärnten; Epprechtstein im Fichtelgebirge, Bayern; Orenburg am Sanarka Fluß im südlichen Ural; neue Funde werden von Gachala, Kolumbien, gemeldet (tiefblaue Kristalle); Boa Vista, Ouro Prêto, Minas Gerais, Brasilien (Kristalle in den Farben Gelb, Blau, Lavendel und Grün). An dem zuletzt genannten Fundpunkt wird Euklas zusammen mit glänzendem, strahlend orangegelbem Topas von Edelsteinqualität gefunden, wobei etwa auf tausend Topase ein Euklas kommt.
Die abgebildete Kristallgruppe wurde 1929 im Glimmerabbau Lukangasi, fünf Meilen südlich der Bahnstation Mikese im Morogoro-Distrikt, Tansania, gefunden. Das Britische Museum, Abteilung für Naturgeschichte, kaufte sie 1934 von H. R. Ruggles-Brise aus Norwich, Großbritannien. Im gleichen Jahr erschien von L. J. Spenser ein Aufsatz über diese außergewöhnliche Kristallgruppe im „Mining Magazine", Band 23, Seite 616; eine Zeichnung findet sich auf S. 618. Der große Kristall mißt 7 cm × 4,3 cm; alle Kristalle sind auf Glimmer aufgewachsen.
Weitere Sammlungen mit schönen Euklaskristallen: Amerikanisches Museum für Naturgeschichte, New York; Fersman-Museum für Mineralogie, Moskau; Sammlung Edward Swoboda, Los Angeles; Bergakademie, Paris; Nationalmuseum, Prag; Smithsonian Institution, Washington; Harvard-Universität, Cambridge, Massachusetts.

Vorgeschlagen von Charles Key, St. Petersburg, Florida
Fotografiert von Peter Green und Frank Greenaway, London

Bleiglanz

Sammlung: Geologisches Museum, London
Kurator: Alan Jobbins
Größe: 36,1 cm × 24,4 cm

Bleiglanz ist das wichtigste Bleierz; oft bildet es auch Massen, die hohen Silbergehalt haben, so daß Bleiglanz auch das wichtigste Silbererz ist. Manche Lagerstätten bildeten sich bei hohen Temperaturen (etwa knapp unter 400°C). Bleiglanz ist ein weiches (Härte 2,5) Mineral von hoher Dichte und metallischem Glanz. Wirtschaftlich wird Blei u. a. für Batterien und als Löt- und Letternmetall verwendet. Gewöhnlich bildet Bleiglanz Kristallwürfel oder Oktaeder, und bei entsprechenden Bedingungen können in einem einzigen Gang Tausende von Kristallen wachsen. Diese Kristalle zeigen immer eine deutliche Spaltbarkeit nach dem Würfel. Häufig ist Bleiglanz mit anderen Mineralen vergesellschaftet, wie Fluorit, Calcit, Siderit, Zinkblende, Pyrit, Kupferkies, Dolomit, Quarz, Baryt, Rhodonit und sogar Turmalin. Besonders schöne Bleiglanzkristalle kennt man von folgenden Orten: Santa Eulalia, Mexiko; Broken Hill, New South Wales, Australien; Bergbaubezirk Tri-State im Tal des Mississippi; Breckenridge, Colorado; Poullaouen, Bretagne; Freiberg/Sachsen; Bottino unweit Saravezza, Toskana; Alston Moor, Cumberland, England. Der im englischen Sprachgebiet übliche Name „Galena“ (deshalb auch bei uns nicht selten Galenit genannt) stammt aus dem Lateinischen, wo „galena“ ein Bleierz bezeichnete.
Dieses abgebildete außergewöhnliche Stück wurde ausgewählt wegen seiner Größe, der Vollkommenheit und des Glanzes der Kristalle und der begleitenden Minerale: brauner Siderit und weißer Calcit. Gefunden wurde die Stufe 1907 in Neudorf/Harz. Sie hat die Inventarnummer M. I. 769.
Andere Sammlungen mit schönen Bleiglanzstufen: Sammlung Arlis Coger, Huntsville, Arkansas; Universität, Kopenhagen; Naturhistorisches Museum, Wien; Akademie für Naturwissenschaften, Paris; Bergakademie, Freiberg/Sachsen; Sammlung Joaquin Folch Girona, Barcelona; Britisches Museum, Abteilung für Naturgeschichte, London; Königliches Museum für Naturgeschichte, Stockholm; Amerikanisches Museum für Naturgeschichte, New York.

Fotografiert von Martin Polsford, London

Zinnober

Sammlung: Mineralogisch-geologisches Museum, Oslo
Kurator: Henrich Neumann
Größe: 11 cm × 6,5 cm

Zinnober, das wichtigste Quecksilbererz, wird häufig in ausgedehnten Lagerstätten als primäres Mineral gefunden. Gewöhnlich tritt es in Schiefern, Sandsteinen, Kalken und anderen Gesteinen sedimentären Ursprungs auf. Das Quecksilber wird aus dem Erz durch Erhitzen freigesetzt; dabei entwickeln sich stark gesundheitsschädliche Quecksilberdämpfe. Deshalb müssen die Arbeiter spezielle Atemfilter tragen. Die Farbe von Zinnober ist rot; durchsichtige Kristalle können in der Farbintensität durchaus mit Rubin konkurrieren. Zinnoberkristalle von mehr als 2,5 cm Länge sind selten. Gute Stufen wurden an folgenden Stellen gefunden: Nikitowka, UdSSR; New Idria, Kalifornien; Huancavelica, Peru; Idrija, Slowenien, Jugoslawien; am Berg Avala bei Belgrad, Jugoslawien; Almaden, Provinz Ciudad Real, Spanien; Kweichow, China; und in den Tausende Jahre alten Abbauen des Ferghanabeckens, UdSSR.
Diese Stufe auszuwählen, machte mit die meisten Schwierigkeiten. Nahezu alle größeren mineralogischen Museen und private Sammlungen besitzen schöne Stufen von Zinnober. Aber die hier abgebildete kleine Kristallgruppe zeigte doch mehr Qualität und perfektere Kristallausbildung als die anderen, wozu noch die außergewöhnliche Mineralvergesellschaftung kommt. Manche Gutachter bezeichnen diese wenig bekannte Stufe als „Geheimtip“ und meinen, daß es auf der ganzen Welt wohl kaum eine schönere Kristallgruppe gibt. Der größte Kristall hat eine Länge von 4,5 cm. Die fleischfarbenen Rhomboeder sind Dolomit und die glänzend weißen Kristalle Quarz. Im Museum von Oslo weiß man weder, wann diese Stufe erworben wurde, noch von wem. Sie tauchte irgendwann zwischen 1895 und 1900 in einer Schublade auf. Sie sieht aus wie Zinnober, der bei Wanshanchang in der Provinz Hünan in China während des 19. Jahrhunderts gefunden wurde.
Andere Sammlungen mit schönen Kristallgruppen von Zinnober: Britisches Museum, Abteilung für Naturgeschichte, London; Sammlung Joaquin Folch Girona, Barcelona; Bergakademie, Paris; Fersman-Museum für Mineralogie, Moskau; Amerikanisches Museum für Naturgeschichte, New York; Smithsonian Institution, Washington; Bergbaumuseum, Leningrad; Bergakademie, Madrid.

Vorgeschlagen von Frederick Pough, Santa Barbara, Kalifornien
Fotografiert von Gotfred Teigen, Oslo

Siderit

Sammlung: Peter Bancroft, Ramona, Kalifornien
Größe: 13,7 × 12,2 cm

Siderit in ausstellungsreifer Qualität bildet im allgemeinen den Untergrund, auf dem viele andere Minerale, wie Bleiglanz, Quarz, Calcit und Apatit, aufgewachsen sind. Der auch Eisenspat genannte Siderit hat gelblich- bis rötlichbraune Farbtöne, ist ziemlich weich (Härte 3,5–4,5) und zeigt auf seiner Oberfläche gelegentlich ein irisierendes Farbenspiel. Das Rhomboeder ist die bevorzugte Kristallform, wobei die Größen zwischen etwa 6 mm bis zu 5 cm und mehr schwanken. Er hat eine vollkommene Spaltbarkeit nach dem Rhomboeder, also nach drei verschiedenen Flächen. Darin ähnelt er sehr dem Calcit, von dem er sich aber in Farbe und chemischer Zusammensetzung unterscheidet. Siderit ist ein Eisenkarbonat und kommt gewöhnlich in großen, lagigen sedimentären oder metamorphen Lagerstätten vor. Schöne Kristalle jedoch, für welche gerade dieses Mineral bekannt ist, werden nur in hydrothermalen Lagerstätten als primäre Gangart gefunden. Ausgewählt schöne Siderite wurden an folgenden Punkten gefunden: Morro-Velho-Abbau nordwestlich von Ouro Prêto, Minas Gerais, Brasilien; Cœur d'Alene, Idaho; Bisbee, Cochise County, Arizona; Capnik, Rumänien; Freiberg/Sachsen; Val Tavetsch, Graubünden; Traversella, Piemont; Pribram, Böhmen; Erzberg, Steiermark; Hüttenberg, Kärnten; Tavistock, Devonshire; St. Austell, Cornwall; Broken Hill, New South Wales, Australien; Allevard, Département Isère.
Die hier gezeigte Schaustufe wurde in den Jahren nach 1870 bei Neudorf im Harz gefunden; auf wasserklaren Quarzkristallen sind Gruppen schön ausgebildeter Sideritkristalle aufgewachsen. Den Ausschlag für die Auswahl gaben ihre Vollkommenheit und Schönheit.
Andere Sammlungen mit schönen Sideriten: Smithsonian Institution, Washington; Bergakademie, Paris; Britisches Museum, Abteilung für Naturgeschichte, London; Museum für Naturgeschichte, Grenoble.

Vorgeschlagen von Carl Stentz, Laguna Hills, Kalifornien
Fotografiert von Earl Lewis, Los Angeles

Rubin

Sammlung: Britisches Museum, Abteilung für Naturgeschichte, London
Kurator: Peter Embrey
Größe: 5,6 cm × 7,6 cm

Rubin ist die rote Varietät des Korunds, eines sehr harten Minerals (Härte 9), das als Schleifmittel verwendet wird. Reiner durchsichtiger oder durchscheinender Korund wird als Edelstein für Schmuck verwendet. Blauer Korund ist als Saphir bekannt. Da Korund sehr selten durchsichtig und zugleich intensiv gefärbt vorkommt, haben tiefrote oder tiefblaue Steine Seltenheitswert.

Der Name wird abgeleitet vom lateinischen „ruber", was einfach rot bedeutet. Die begehrteste, weil tiefste und intensivste Farbe beim Rubin ist das sogenannte Taubenblutrot. Taubenblutrote Rubine mit mehr als 25 Karat (5 g oder mehr) sind extrem selten. Und so erzielen die wenigen, die es gibt, von allen Edelsteinen mit die höchsten Preise.

Schöne Rubinkristalle werden fast immer zu Juwelen verarbeitet. Daher gibt es in der überwiegenden Mehrzahl aller Sammlungen kein befriedigendes Beispiel für das Mineral. Wenn guter Rubin gezeigt wird, dann fast stets als einzelner Kristall. Zwar sind die meisten Rubine eine Bildung metamorpher Gesteine. Aber man findet sie doch fast nur auf sedimentären Lagerstätten, wohin sie in Jahrtausenden, nachdem die Erosion sie freigelegt hatte, vom Wasser transportiert wurden. Daher gibt es auch Rubine von Spitzenqualität, die noch mit ihrem Muttergestein verhaftet sind, so gut wie gar nicht.

Nach Rubinen wurde seit tausend und mehr Jahren geschürft bei Mandalay und Mogok in Burma in einem etwa vierzig Quadratkilometer umfassenden Gebiet. Andere Fundpunkte für Rubine sind: Battambang, Kambodscha; Chanthaburi, Thailand; Madras, Indien; Campolungo, Schweiz; verschiedene Stellen in Tansania.

Der abgebildete Rubin ist nicht nur einmalig in Größe und Farbe; er sitzt auch noch im Muttergestein, hier einem metamorphen Kalk. Er hat die Maße 3,8 cm × 3,8 cm. Über die Fundgeschichte weiß man kaum etwas, nur, daß er aus Mogok in Burma kommt. Er ist nicht ausgestellt.

Andere Sammlungen, die schöne Kristalle von Rubin umfassen: Sammlung Frank P. Jaeger, New York; Eidgenössisches Institut für Technologie, Zürich; Harvard-Universität, Cambridge, Massachusetts.

Fotografiert von Peter Green und Frank Greenaway, London

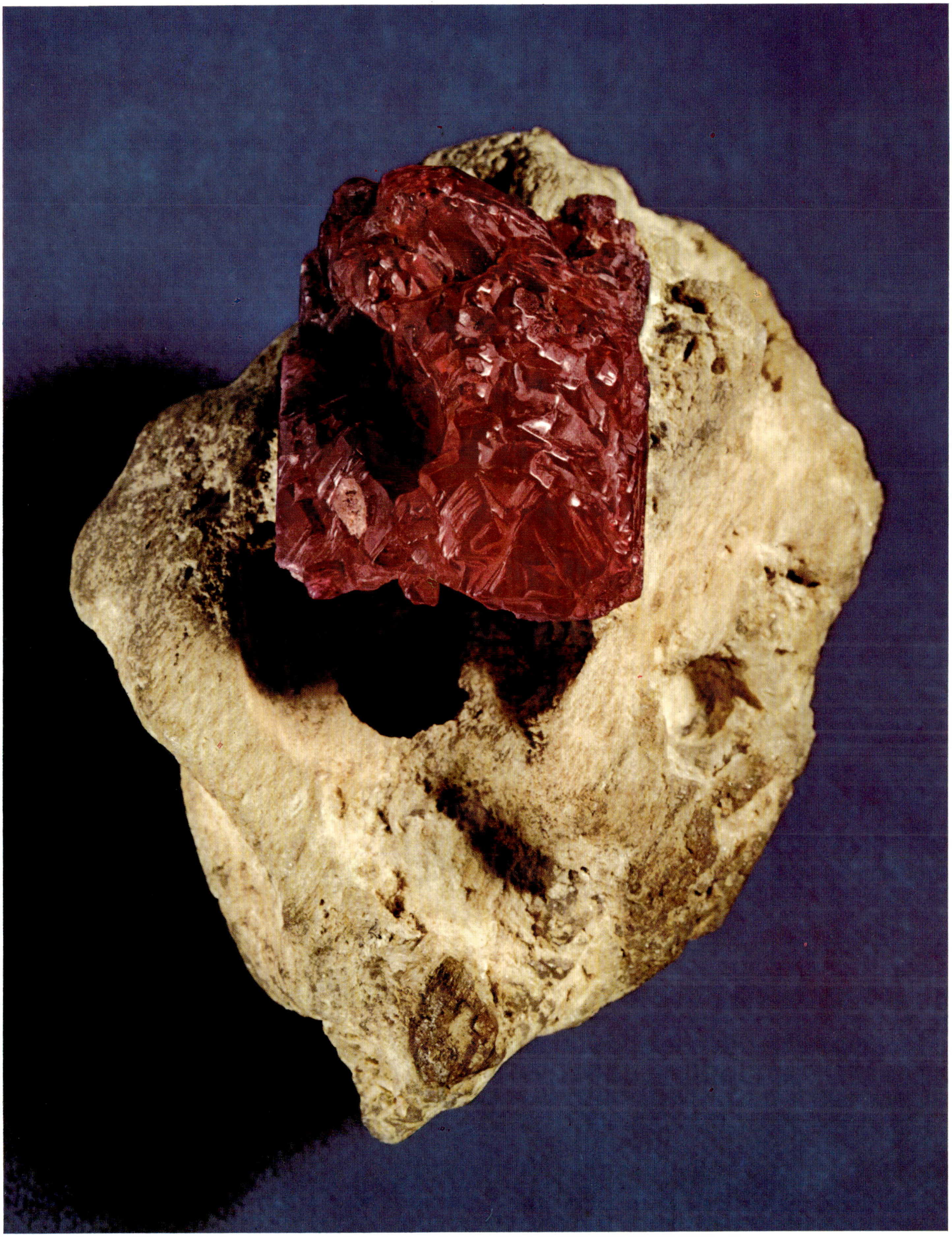

Smaltin

Sammlung: Königliches Museum für Naturgeschichte, Stockholm
Größen: Einzelkristall (oben) 8 cm; Muttergestein mit Kristall (unten) 12 cm × 8 cm

Smaltin ist nach der neueren Nomenklatur dem Skutterudit zuzurechnen. Das sehr wichtige Erz der Metalle Kobalt und Nickel ist chemisch eine Verbindung von Nickel, Kobalt und Arsen. Smaltin wird allgemein in hydrothermalen Gängen gefunden, nicht nur zusammen mit anderen Kobalt- und Nickelmineralen, sondern auch mit Erzen von Kupfer, Blei, Zink und Wismut. Er bildet gewöhnlich derbe Massen; Kristalle, die die Form eines Pyritoeders zeigen, sind selten. Smaltin hat eine hohe Dichte. Die Farbe ist zinnweiß bis stahlgrau. Das vorherrschende Element ist Kobalt. Smaltin hat auch den Namen Speiskobalt, der zusammenhängt mit Kobold, dem Bergteufelchen. Speiskobalt galt nämlich im Mittelalter als lästiges Mineral, mit welchem die alten Bergleute, die nach Silber schürften, nichts anzufangen wußten. In der modernen Technologie hat man mancherlei Verwendungsmöglichkeiten für Kobalt gefunden, z. B. in seinen Verbindungen zum Blaufärben von Glas und Keramik. Smaltinkristalle kennt man von: Cobalt, Ontario, Kanada; Broken Hill, New South Wales, Australien; Wheal Sparnon, Cornwall; Les Chalantes, Frankreich; Provinz Huelva, Spanien; Kirkcudbrightshire, Schottland; Copiapo, Chile; Transvaal, Südafrika.
Der auf der Farbtafel oben fotografierte Einzelkristall wurde bei Hakansboda, Ramsbergs, Örebro, Schweden, gefunden. Er ist der größte bekannte gut ausgebildete Kristall dieses Minerals.
Der zweite noch im Muttergestein steckende Kristall zeigt auf den Würfelflächen eine deutliche Streifung. Er ist in Kupferkies und metamorphem Calcit eingebettet; seine Maße sind 3,3 cm × 2,5 cm. Daß beim Abbau gewöhnlich die Kristalle des Smaltins aus ihrer Grundmasse herausbrechen, macht diese Stufe zu etwas Außergewöhnlichem. Gefunden wurde sie bei Tunabergs, Södermanland, Schweden.
Ein zweiter schöner Smaltin ist in der Sammlung des Naturhistorischen Museums zu Wien zu bewundern.

Vorgeschlagen von John Jago, San Franzisko
Fotografiert von K. E. Samuelsson, Stockholm

Goldtopas

Sammlung: Britisches Museum, Abteilung für Naturgeschichte, London
Kurator: Peter Embrey
Größe: 10 cm × 4,5 cm

Farbiger Topas zeigt keine sehr kräftigen Farbtöne. Dennoch machen ihn seine angenehm zarten Farbnuancen in Gelb, Rot, Orange, Grün, Blau und Braun zum hochgeschätzten Edelstein. Topas ist sehr hart (Härte 8) und kann im Diamantschliff geschliffen werden. Seine Kristalle sind meist prismatisch; häufig sind die Prismenflächen deutlich gestreift. Seine Spaltbarkeit ist gut; deshalb zerbricht er leicht und mit deutlich ebenen Begrenzungsflächen, die senkrecht zu der Längsausdehnung des Prismas stehen. Manche gelbe brasilianische Topase ändern allein durch Erhitzen ihre gelbe Farbe zu einem reizvollen rosa Farbton.

Schöne Kristalle von Topas kennt man von: Swerdlowsk, UdSSR; Mourne Mountains, County Down, Irland; Jos, Bauchi, Nordnigeria; Mount Bischoff, Tasmanien, Australien; Takayama, Honshu, Japan; Ceylon (in den Schottern verschiedener Flüsse); San Luis Potosı, Mexiko; Villa Rica, Minas Gerais, Brasilien; Florissant, Colorado; Ramona, San Diego County, Kalifornien.

Der abgebildete Topas wurde ausgewählt, um die Varietät Goldtopas oder „Edeltopas" zu zeigen. Er hat eine ungewöhnliche Größe, Durchsichtigkeit, Farbe und Vollkommenheit des Kristalls. Gefunden wurde er etwa 1832 bei Ouro Prêto, Minas Gerais, Brasilien, und 1833 der Sammlung Henry Heuland einverleibt. 1834 verkaufte ihn Heuland an einen Engländer namens Walker, und Jahre später landete er mit der Sammlung Walker im Britischen Museum, Abteilung für Naturgeschichte. Walker schrieb über diesen Kristall in einem Aufsatz: „Es ist der schönste bekannte gelbe Topas."

Andere Sammlungen mit beachtenswerten Goldtopasen: Nationalmuseum, Rio de Janeiro, Brasilien; Los Angeles County Museum, Los Angeles; Bergakademie Paris; Sammlung des Mineralogischen Instituts, Florenz; Nationalmuseum Prag.

Vorgeschlagen von Charles Key, St. Petersburg, Florida
Fotografiert von Peter Green und Frank Greenaway, London

Aquamarin

Sammlung: Smithsonian Institution, Washington
Kurator: Paul Desautels
Größe: 30 cm × 17,5 cm

Aquamarin findet man entweder als gerundete Gerölle im Schotter von Flußläufen oder als Kristalle im Gestein, das mit modernen Methoden abgebaut wird, um möglichst viel verschleifbares Material zu gewinnen. So sind unversehrte gute Aquamarinkristalle, die noch im Muttergestein stecken, sehr selten. Die hier gezeigte Stufe, bekannt unter dem Namen das „Boot" oder das „Schiff", ist ein hervorragendes Beispiel für einen Aquamarin, der noch im beziehungsweise auf seinem Muttergestein sitzt. Obwohl die Aquamarinkristalle weder in Farbe noch in Transparenz von besonderer Qualität sind, wird die Stufe von vielen Sammlern unter ästhetischen Gesichtspunkten zu den schönsten der Welt gerechnet. Die Begleitminerale sind sehr schön angeordnet und gut ausgebildet. Der hellweiße hexagonale Kristall ist Muskovit (weißer oder heller Glimmer), die schwarzen Kristalle sind Turmalin und die kleinen weißlichen Kristalle Albit. Diese Vergesellschaftung von verschiedenen kontrastierenden Kristallen ist es, die diesem reizvollen Aggregat die Beurteilung „einzigartig" eingebracht hat.
Abgebaut wurde diese Stufe 1951 bei Palmital, Minas Gerais, Brasilien. Alfredo Heuberg, Miteigner der Inter-Ocean Trade Company von New York City, kaufte sie in Brasilien und nahm sie mit nach Washington, D. C., wo er sie der Smithsonian Institution verkaufte. Die Mittel kamen aus dem Roebling Fonds (R 9163 der Roebling-Sammlung). Die Stufe ist in der Mineralienabteilung der Smithsonian Institution ausgestellt.
Weitere Sammlungen, die Aquamarine von Spitzenqualität umfassen: Fersman-Museum für Mineralogie, Moskau; Bergakademie und Fakultät für Naturwissenschaften, Paris; Museum für Naturgeschichte, Mailand; Bergbauinstitut, Leningrad.

Vorgeschlagen von Edward Swoboda, Los Angeles
Fotografiert von Earl Lewis, Los Angeles

Orthoklas

Sammlung: Mineralogisches Institut der Universität Mailand
Kurator: Bona Potenza Bianchi
Größe: 25,2 cm × 21,3 cm

Hier wird ein Beispiel aus der Alkalifeldspatgruppe vorgestellt, denn diese Minerale sind mit die wichtigsten gesteinsbildenden Minerale überhaupt. Orthoklas, d. h. richtiger: die Feldspäte sind das häufigste Silikatmineral, wenn man den Quarz richtigerweise als Oxid ansieht. Orthoklas tritt in Form gedrungener prismatischer Kristalle auf, die häufig nach dem Karlsbader oder nach dem Bavenoer Gesetz verzwillingt sind. Ein Zwillingskristall entsteht dann, wenn zwei Kristalle gesetzmäßig derart zusammenwachsen, daß sie einige Flächen gemeinsam haben. An den nicht gemeinsamen Flächen kann man dann die beiden Einzelindividuen auseinanderhalten. Die meisten Orthoklaskristalle sind farblos, weiß, gelblich oder rötlich. Die Härte liegt bei 6; bei entsprechendem Lichteinfall können die Kristallflächen einen schönen Glanz zeigen. Schöne Kristalle sind bekannt von: Pfitschtal, Südtirol; La Colta auf der Insel Elba; Puy-de-Dôme, Auvergne; Frederiksvärn, Vestfold, Norwegen; St. Agnes, Cornwall; Pinzgau, Salzburg; Itrongahy, Betroka, Madagaskar; Takayama, Japan; Mount Antero, Chaffee County, Colorado; Barringer Hill, Llano County, Texas; Mesa Grande, Kalifornien; Goodsprings, Nevada.
Die abgebildete, ausnehmend schöne Stufe besteht aus Orthoklas- und Quarzkristallen. Häufig werden solche Stufen hoch in den Bergen ziemlich dicht unter der Erdoberfläche gefunden, wo die Frühjahrsfröste die Kristalle zersprengen und völlig zerstören können. Völlig unversehrte Stufen wie diese hier sind eine Seltenheit. Ihre Orthoklaskristalle sind ausgezeichnete Beispiele für Bavenoer Zwillinge. Als Begleitminerale unterscheiden wir Calcit, Apatit, gelben Calcit und Muskovit. Der größte Orthoklaskristall ist 6,1 cm lang. Die Stufe wurde 1920 in einem rosa Granitblock unweit Baveno am Lago Maggiore gefunden. Sie gelangte in die Sammlung Bazzi, die vom Institut im Jahre 1930 aufgekauft wurde.
Nahezu jedes europäische Museum besitzt schöne Orthoklaskristalle aus Italien. Beachtenswerte Stücke finden sich in den Sammlungen der Fakultät für Naturwissenschaften und der Bergakademie von Paris.

Vorgeschlagen von Giuseppe Vergato, Rom
Fotografiert von Dr. G. H. Crespi, Mineralogisches Institut der Universität Mailand

Hiddenit

Sammlung: Cranbrook Institut für Wissenschaften, Bloomfield Hills, Michigan
Direktor: Warren L. Wittry
Größe: 4,5 cm × 0,96 cm

Hiddenit ist die Bezeichnung für die grasgrüne Varietät von Spodumen. Spodumen, ein Lithium-Aluminium-Silikat, kommt in kleinen Kristallen von wenigen Gramm Gewicht vor oder aber in riesigen Kristallen, die bis zu neunzig Tonnen wiegen können. Diese großen Kristalle sind zwar nicht übermäßig viel wert, aber doch wegen ihrer enormen Größe recht interessant. Sie dienen auch als Rohstoff zur Lithiumgewinnung. Gelegentlich kommen die kleineren Kristalle in Form klarer, deutlich gestreifter Prismen in den Farben Gelb, Rosa oder (seltener) Grün vor. Kristalle in diesen Farben werden zu klaren, durchsichtigen Steinen verschliffen, die aufgrund ihrer Seltenheit den Sammlern besser bekannt sind als den Juwelieren. Spodumen ist relativ hart (6,5–7) und zeigt einen strahlenden Glanz. Es gibt gelbe Spodumen, rosa Spodumen, mit dem eigenen Namen Kunzit, und die deutlich chromgrüne Varietät Hiddenit. Schwach gefärbter grüner Spodumen wird nicht Hiddenit, sondern grüner Spodumen genannt. Zum ersten Male wurde Hiddenit in kleinen Abbauen unweit Stony Point im Alexander County, North Carolina, gefunden. Seinen Namen hat er nach W. E. Hidden.
Der abgebildete Kristall ist schon wegen seiner Größe einmalig, denn Hiddenit überschreitet nur selten Längen von 2,5 cm. Dazu kommt noch die vollkommene Ausbildung des Kristalls und das Spiel gelber und grüner Farbtöne. Erworben hat ihn das Cranbrook Institut im Jahre 1939. Dieser Hiddenit-Kristall ist auch ein schönes Beispiel für einen „Miniaturkristall“ oder Micromount. Miniaturkristalle müssen, um zu entsprechenden Ausstellungen zugelassen zu werden, in einen Würfel von 5 Zentimeter Kantenlänge passen.
Sammlungen mit sehenswerten Hiddenitkristallen: Harvard-Universität, Cambridge, Massachusetts; Naturhistorisches Museum, Wien; Sammlung William Larson, Fallbrook, Kalifornien; Smithsonian Institution, Washington.

Vorgeschlagen von Rock Currier, Ardsley, New York
Fotografiert von Earl Lewis, Los Angeles

Anatas

Sammlung: Britisches Museum, Abteilung für Naturgeschichte, London
Kurator: Peter Embrey
Größe: 13,4 cm × 9,5 cm

Anatas ist ein ziemlich seltenes Mineral, besonders wenn man es auf schöne Kristalle abgesehen hat. Es ist ein Titanoxid und kristallisiert in gedrungenen Bipyramiden. Seine Farben reichen von Brauntönen bis Blau und Schwarz. Er hat die Härte 5,5–6, Diamantglanz, eine gute Spaltbarkeit und ist spröde. Anatas kommt in detritischen Lagerstätten vor und kann so als Titanerz wirtschaftliche Bedeutung haben. Kristalle treten gewöhnlich in alpinen Klüften metamorpher Schiefer und Gneise auf. In Größen von über 1,3 cm sind sie sehr selten. Begleitminerale sind Hämatit, Rutil, Brookit, Chlorit, Apatit, Quarz und Adular. Gute Kristalle sind bekannt von: La Grave in den Zentralalpen, Frankreich; Griesiwies im Raurisertal, Salzburg; Sondalo, Lombardei; Cavradi-Schlucht, Tavetsch, Graubünden; Virtuous Lady Mine, Tavistock, Devonshire; Sanarka, Orenburg, UdSSR; Diamantina, Minas Gerais, Brasilien; Beaver Creek, Gunnison County, Colorado.
Die abgebildete Stufe zeigt den größten bekannten gut ausgebildeten Anataskristall; er ist umgeben von Calcitkristallen. Der Kristall mißt 3,75 cm × 3,25 cm. Gefunden wurde er um das Jahr 1896 im Binnental im Wallis. An das Britische Museum, Abteilung für Naturgeschichte, hat ihn 1900 F. Krantz aus Bonn verkauft.
Sammlungen mit schönen Anataskristallen: Smithsonian Institution, Washington; Fakultät für Naturwissenschaften der Universität, Paris; Schweizer Bundesanstalt für Technologie, Zürich; Universität, Kopenhagen; Naturhistorisches Museum, Wien.

Vorgeschlagen von Charles Key, St. Petersburg, Florida
Fotografiert von Peter Green und Frank Greenaway, London

Rhodochrosit (Pseudomorphose nach Calcit)

Sammlung: Naturhistorisches Museum, Paris
Größe: 32 cm × 24 cm

Diese wunderbare Stufe ist ein ganz besonders gutes Beispiel für eine Pseudomorphose, bei der die ausgeprägte Kristallform des ursprünglichen Minerals erhalten blieb, das Mineral selbst aber durch ein neues Mineral, durch rosafarbenen Rhodochrosit, ersetzt wurde. So stellen wir also an dieser Stufe die typischen Eigenschaften von Rhodochrosit fest: rosa Farbe, höhere Härte (3,5–4,5) und höhere Dichte als bei Calcit (Härte 3) und Mangan als chemische Komponente statt Calcium. Rhodochrosit ist chemisch ein Mangankarbonat, aber dieser Rhodochrosit wird für immer die Form des von ihm verdrängten Minerals, des Calcits, beibehalten. In einem späteren Stadium wurde er von einer dünnen Schicht farbloser Quarzkristalle überkrustet. Unten am Bildrand sehen wir auch noch einige Pyritkristalle.

Gefunden wurde diese Stufe 1966 bei Kassandra in Griechenland. Zuerst war sie in der Sammlung eines Herrn Gauthier, der sie 1967 dem Pariser Naturhistorischen Museum schenkte. Sie steht nun als Neuerwerbung im Vorraum des Museums.

Rhodochrosit ist ein Manganerz von sehr untergeordneter Bedeutung. Seine Kristalle findet man in ausgefallenen Gruppierungen. Sie umfassen eine Vielfalt von Farben, von Strahlendrot bis Lavendel und Gelb. Rhodochrosit bildet sich bei tiefen Temperaturen – vielleicht 150–200°C – in Gängen, die Silber, Kupfer, Blei und Zinkerze führen. Seinen Namen hat er vom griechischen Wort für rosafarben. In manchen Ländern wird er auch Dialogit genannt.

Die Abbildung zeigt nur einen Ausschnitt von 21 cm × 17 cm der ganzen Stufe. Der größte Kristall mißt 6,5 cm × 4 cm.

Es war die einzige vorgeschlagene Pseudomorphose von Rhodochrosit nach Calcit, und auch die Gutachter kannten keine andere in dieser Qualität.

Vorgeschlagen von H. J. Schubnel, Paris
Fotografiert von Jacques Six, Paris

Witherit

Sammlung: Britisches Museum, Abteilung für Naturgeschichte, London
Kurator: Peter Embrey
Größe: 10 cm × 8,8 cm

Witherit, ein ziemlich seltenes Bariummineral, ist ziemlich weich (Härte 3–3,5) und hat einen starken Glanz. Seine Farbe ist meist milchigweiß, schwach grau oder farblos. Gelegentlich mögen zarte Töne von Gelb, Grün oder Braun vorkommen. Im Röntgen- und UV-Licht zeigt Witherit deutlich Fluoreszenz. Das Mineral kommt in hydrothermalen Gängen niederer Bildungstemperatur vor, meist zusammen mit Bleiglanz und gelegentlich mit Baryt. Es kann sich sowohl aus Lösungen absetzen, die Bariumkarbonat enthalten, als auch dadurch gebildet werden, daß karbonatreiche Lösungen Baryt umsetzen. Witherit kristallisiert in gedrungenen, verzwillingten sechsseitigen Kristallen, deren Flächen immer rauh und manchmal gestreift sind.

Kristalle von Witherit wurden zum ersten Male bei Alston Moor in Cumberland, Großbritannien, gefunden. Später entdeckte man ihn auch bei Leogang im Bundesland Salzburg, Österreich. Weitere Fundorte: Grube Himmelsfürst bei Freiberg/Sachsen; Grube Maximilian, St. Andreasberg, Sachsen; Dyalankol im nördlichen Kaukasus; Przibram, Böhmen; Château Thinieres, Beaulieu, Departement Cantal, Frankreich; Hardin County, Illinois; Castle Dome, Yuma County, Arizona.

Diese Stufe fand 1931 der bedeutende britische Mineraloge Sir Arthur Russel. Er entdeckte sie in einem großen Hohlraum im Liverick-Gang, dort wo sich Treolar-und High-Raise-Gang kreuzen, im Nentsberry-Abbau bei Alston in Cumberland. Im Jahre 1964 hinterließ er sie dem Britischen Museum, Abteilung für Naturgeschichte.

Der Witherit ist überkrustet von Baryt, in den er auch stellenweise ganz übergeht. Der größte Kristall mißt 3,3 cm × 2,3 cm. Seine Sammlungsnummer ist BM 1964 R.

Vorgeschlagen von Charles Key, St. Petersburg, Florida
Fotografiert von Peter Green und Frank Greenaway, London

Spangolith

Sammlung: Edward Swoboda, Los Angeles
Größe: 14 cm × 12,7 cm

Spangolith ist ein sehr seltenes Kupfermineral, das zum ersten Male 1889 unweit Tombstone im Cochise County, Arizona, gefunden wurde. Das war genau acht Jahre vor dem berühmten Feuergefecht vom O. K. Corral, in dem US-Marshall Wyatt Earp und seine Hilfssheriffs drei Desperados unschädlich und damit Tombstone weltweit bekannt machten. Zwar erregten die Spangolithkristalle keine solche Aufmerksamkeit, aber immerhin identifizierte man sie bald als ein bis dahin unbekanntes Mineral. Später wurden weitere Spangolithe in der Metcalf Mine unweit Clifton im Greenlee County, Arizona, gefunden. Weitere Kristallfundstellen: Majuba Hill, Pershing County, Nevada; Grand Central Mine, Tintic, Utah; St. Day, Cornwall; Arenas unweit Iglesias auf Sardinien. Kristalle sind extrem selten. Sie bilden hexagonale, tafelige Formen. Die Farbe von Spangolith reicht von Smaragdgrün bis Dunkelgrün. Benannt wurde er nach Norman Spang aus Etna, Pennsylvania, der als erster vermutete, daß es sich hier um eine neue Mineralart handelte.

Diese Stufe hier zeigt auf einem Muttergestein die größten und am besten ausgebildeten Spangolithkristalle. Der größte ist 1,6 cm lang. Die Spangolithkristalle sind in einen Rasen von kleinen Malachitkriställchen eingebettet. Die braunen Streifen, welche den grünen Rasen umgeben, sind Limonit, die hellroten Flecken Cuprit. Gefunden wurde die Stufe in der berühmten Copper Queen Mine bei Bisbee, Arizona.

Eine zweite schöne Spangolithstufe befindet sich im Britischen Museum, Abteilung für Naturgeschichte, London.

Vorgeschlagen von Rock Currier, Ardsley, New York
Fotografiert von Earl Lewis, Los Angeles

Antimonit

Sammlung: David Wilber, Reno, Nevada
Größe: 20,3 × 12,7 cm

Antimonit ist eines der attraktivsten Minerale in der Welt der Kristalle. Seine langen, deutlich gestreiften silberweißen bis pechschwarzen Prismen gibt es in einer Großartigkeit, die von keinem anderen schwarzen Mineral übertroffen wird. Bei schönen Stufen ist jeder einzelne Kristall in einer für dieses Mineral typischen Weise akzentuiert, klar umrissen aufgewachsen. Antimonit, im englischen Sprachbereich Stibnit genannt, ist der wichtigste Rohstoff zur Herstellung von Antimon und wird in hydrothermalen Erzkörpern bei relativ niederen Temperaturen abgelagert. Entsprechend niedrig ist der Schmelzpunkt des Metalls Antimon, was es für Legierungen geeignet macht, aus denen Batterieelemente, Hartzinn und Drucklettern hergestellt werden. Die Nebenprodukte finden Verwendung bei der Herstellung von Reibflächen, Farben, Pigmenten, Medikamenten, Streichhölzern und Feuerwerkskörpern. Im Altertum malten sich die Damen Lidschatten mit Antimon. Antimonit kommt zusammen mit Pyrit, Zinnober, Baryt, Realgar, Auripigment, Ankerit, Bleiglanz, Markasit, Calcit und Quarz vor. Fundstellen: Baia Sprie (Felsöbanya) und Capnic, Rumänien; Pereta in der Toskana; Freiberg/Sachsen; Kremnitz, Tschechoslowakei; Lubilhac, Département Haute-Loire, Frankreich; Bau, Sarawak, Borneo; Manhattan, Toquima Range, südliches Mittelnevada. Eine besondere Erwähnung verdienen die ausgezeichneten Kristalle des Ichinokawa-Abbaues bei Niihama, Präfektur Ehime, Japan.
Nahezu jede größere Sammlung hat einen Antimonit aus Japan, das sehr produktiv war im Hervorbringen der schönsten Antimonite der Welt.
Der abgebildete Antimonit ist eher klein, wenn man ihn mit den Spießen – daher für Antimonit im deutschen Sprachbereich oft der Ausdruck Grauspießglanz – des japanischen Antimonit vergleicht, die Längen von rund 50 cm erreichen. Aber wegen der klaren Schönheit der Form erachtete ein wesentlicher Teil der Gutachter diese Stufe jeder anderen von Antimonit für überlegen. Ihre großartigen Kristalle sitzen auf einem Kalk auf. Gefunden wurde sie im Jahre 1946 bei Herja (Kisbanya) in Rumänien.
Sammlungen mit sehenswertem Antimonit: Britisches Museum, Abteilung für Naturgeschichte, London; Yale-Universität, New Haven, Connecticut; Amerikanisches Naturhistorisches Museum, New York; Teyler's Museum, Haarlem, Niederlande; Sammlung Edward Swoboda, Los Angeles; Museum der Mitsubishi Metall- und Bergbaugesellschaft in Omiya, Japan; Universität von Tokio; und an der Harvard-Universität, Cambridge, Massachusetts.

Vorgeschlagen von George Holloway, Northridge, Kalifornien
Fotografiert von Earl Lewis, Los Angeles

Autunit

Sammlung: Smithsonian Institution, Washington
Kurator: Paul Desautels
Größe: 11,7 cm × 5,6 cm

Das sekundäre Uranmineral Autunit bildet sich durch Umsetzung von Uraninit oder anderen uranhaltigen Mineralen. Es ist sehr weich (Härte 2–2,5), hat einen perlartigen Glanz und Farben, die von Grün bis Gelb reichen können. Autunit fluoresziert in ultraviolettem Licht sehr stark. Die Kristalle sind dünntafelig und nur selten gut ausgebildet. Autunit bildet bisweilen blättrige Aggregate. Es hat eine starke Radioaktivität. Das im Autunit enthaltene Element Uran ist wichtig für die Gewinnung von Atomenergie, besonders in der Form des Uranisotops U-235 als Kernbrennstoff. Seinen Namen hat das Mineral nach Autun in Frankreich, einem bekannten Bergbauzentrum. Autun liegt etwa 275 km südöstlich von Paris.
Fundstellen für Autunit: Kolwezi, Zaire; Antsirabe, Madagaskar; Falkenstein und Johanngeorgenstadt in Sachsen; Viseu, Portugal; Spokane, Washington.
Die abgebildete Stufe von Autunit wurde bei Margnac in Frankreich gefunden und gelangte in den Besitz der Smithsonian Institution durch Vermittlung von Dr. Peter Bariand durch ein Tauschgeschäft mit der Universität von Paris. In der Sammlung der Smithsonian Institution hat sie die Nummer 120 743.
Weitere Sammlungen, in denen sich schöne Autunite befinden: Joseph Urban, Tucson, Arizona; Bergakademie, Paris; Sammlung David Wilber, Reno, Nevada.

Vorgeschlagen von John Jago, San Franzisko
Fotografiert von Earl Lewis, Los Angeles

Phosgenit

Sammlung: Joaquin Folch Girona, Barcelona
Größe: 11,5 cm × 11 cm

Phosgenit, ein Mineral von ziemlich hoher Dichte, ist chemisch ein Chlorokarbonat von Blei. Er kommt in Pastelltönen der Farben Rosa, Grün, Braun und Gelb vor. Häufig sind die Kristalle farblos oder weiß. Sie sind selten, und man findet sie in Bleibergwerken. Kristalle in beachtlicher Größe kamen von: Tarnowitz in Polen; Altai, Sibirien; Cromford, Derbyshire; Montevecchio und Gibbas auf Sardinien; Tsumeb, Südwestafrika.
Bekannt wurde das Mineral nach dem Gas „Phosgen", der chemischen Verbindung Carbonylchlorid, dessen Bestandteile im Phosgenit enthalten sind. Eines der interessantesten Vorkommen von Phosgenit liegt bei Laurion in Griechenland. Dort haben die Griechen der Antike neue Minerale hervorgebracht, ohne es zu merken und zu wollen. Sie beuteten nämlich Jahrhunderte vor Christi Geburt bei Laurion ein großes Blei-Silber-Vorkommen aus und schütteten dabei den Abraum, das nicht benötigte Material, einfach ins Meer. Das Salzwasser laugte nun manche dieser Minerale und auch einige bei der Herstellung der Metalle anfallende Schlacken aus und bildete durch Umsetzung neue Minerale, darunter Fiedlerit, Penfieldit, Laurionit und natürlich auch Phosgenit.
Der hier abgebildete großartige Phosgenitkristall wurde im Jahre 1955 in einer Grube am Monte Poni, unweit Iglesias auf Sardinien, gefunden. 1965 wurde er Martin Ehrmann abgekauft, der ihn seinerseits von einem Händler in Mailand bekommen hatte. Die Stufe ist außergewöhnlich in Größe, Vollkommenheit des Kristalls, Durchsichtigkeit sowie der hellbraunen Farbe.
Andere Sammlungen mit schönen Kristallen von Phosgenit: Bergakademie, Paris; Städtisches Museum für Naturgeschichte, Mailand; Amerikanisches Museum für Naturgeschichte, New York.

Vorgeschlagen von Charles Key, St. Petersburg, Florida
Fotografiert von Francisco Bedmar, Barcelona

Chalkosin (Kupferglanz)

Sammlung: Britisches Museum, Abteilung für Naturgeschichte, London
Kurator: Peter Embrey
Größe: 7,1 cm × 6,3 cm

Chalkosin ist eines der wichtigsten Kupferminerale und sehr verbreitet. Gewöhnlich wird er in Kupfererze führenden Lagerstätten von sulfidischen Schwermetallen gefunden. Schöne Kristalle wurde auch oft in den oberen Partien, den Oxidationszonen solcher Lagerstätten gefunden. Chalkosin bildet kurze, prismatische Kristalle. Sie sind häufig verzwillingt und nur sehr selten wirklich gut ausgebildet. Das grauschwarze Mineral hat eine hohe Dichte. Begleitminerale sind Covellin, Malachit, Cuprit, Azurit, Pyrit, Chalkopyrit (Kupferkies) und Bornit (Buntkupfererz). Gelegentlich findet man es mit kleineren Mengen Silber. Früher wurde Chalkosin auch als „Kupferglanz" bezeichnet, ein Name, dem man in manchen Büchern auch heute noch den Vorzug gibt.
Kristalle kennt man von folgenden Fundpunkten: Redruth, Cornwall; Bogoslowsk im Ural; Joachimsthal in Böhmen; Dognacska, Rumänien; Tsumeb, Südwestafrika; unweit Mindouli, Zaire; Butte, Montana; Bristol, Connecticut; Kennecott am Copper-Fluß, Alaska.
Diese prächtige Stufe wurde 1899 in der Levant Mine in Cornwall gefunden. An das Britische Museum, Abteilung für Naturgeschichte, hat sie ein Mr. W. Semmons aus London im Jahre 1905 verkauft. Der größte Kristall mißt 4,5 cm in der Länge. Viele Sammler und Kuratoren halten sie für die schönste kleine Mineralstufe der ganzen Welt. Die Inventarnummer ist 1905-207.
Weitere Sammlungen mit schönem Chalkosin: Museum für Zentralafrika, Tervuren, Belgien; Bergakademie, Fakultät für Naturwissenschaften und Naturhistorisches Museum, alle Paris; Geologisches Museum, London; Smithsonian Institution, Washington; Harvard-Universität, Cambridge, Massachusetts; Amerikanisches Museum für Naturgeschichte, New York; Sammlung William Pinch, Rochester, New York.

Vorgeschlagen von C. Douglas Woodhouse, Santa Barbara, Kalifornien
Fotografiert von Peter Green und Frank Greenaway, London

Morganit

Sammlung: David Wilber, Reno, Nevada
Größe: 8,1 cm × 7,9 cm

Morganit ist die rosafarbene Varietät des Berylls. Weitere Varietäten sind der blaue bis blaugrüne Aquamarin, der Goldberyll als gelbe Varietät und schließlich der giftgrüne Smaragd. Morganit gibt es in kräftigem bis zartem Rosa, wobei die hellen Farbtöne überwiegen. Es gibt auch aprikosenfarbenen Morganit. Wegen seiner aparten Farben, seiner beachtlichen Härte (7,5–8), der relativen Seltenheit und seines hohen Glanzes ist Morganit ein sehr beliebter Edelstein. Er wird zu rechteckigen Formen, in Smaragd- und in Brillantschliff verarbeitet und ist für gewöhnlich nicht übermäßig teuer.
Fundpunkte für ausgezeichnete Kristalle: Ampangabe und Marharitra am Mount Bity auf Madagaskar; unweit Teofilo Otoni, Minas Gerais, Brasilien; Minen Mesa Grande, Katrina und Pala Queen, alle bei Pala, San Diego County, Kalifornien. Benannt wurde das Mineral nach dem amerikanischen Finanzmann und Mineraliensammler J. P. Morgan, der seine berühmte Edelsteinsammlung dem Amerikanischen Museum für Naturgeschichte, in New York stiftete.
Die abgebildete Stufe ist ein großartiges Beispiel für einen Edelsteinkristall. Er ist nach beiden Enden flächig begrenzt, hat eine schöne Farbe, ist von ausgezeichneter Qualität, hat keinerlei Beschädigungen und sitzt auf einem Kristallrasen von Cleavelandit (Albit). Gefunden wurde er im Jahre 1964 in der Mine White Queen, die in den Harriart-Bergen unmittelbar nördlich von Pala liegt. Die Stufe war am Boden eines großen Hohlraumes, der neun bis zehn Tonnen Quarzkristalle enthielt. Aus dem gleichen Hohlraum wurde einiges mehr als 100 Kilogramm Morganit geborgen, viele davon in Edelsteinqualität. Der Abbau White Queen wurde 1900 entdeckt. Aber man beschränkte die Ausbeutung auf das Nordende. Der heutige Besitzer, Norman Dawson aus San Marcos, erwarb das Schürfrecht im Jahre 1946. Nur wenig später fand seine Frau Vi auf einem Pfad einen kleinen Aquamarinkristall. An dieser Stelle wurde ein Stollen in das Gestein getrieben, und nach wenig mehr als 1,50 m Vortrieb fand man so viele blaue Turmalinkristalle, daß man mit ihnen einen ganzen Schubkarren füllen konnte. In diesem Abbau wurden auch blauer Apatit, Columbit, Stilbit, Lepidolith, Wismutglanz, Citrin, Rauchquarz und Montmorillonit gefunden.
Sammlungen mit schönem Morganit: Nationalmuseum, Prag; Smithsonian Institution, Washington; Harvard-Universität, Cambridge, Massachusetts; Sammlung J. P. Morgan im Amerikanischen Museum für Naturgeschichte, New York; Bergakademie, Fakultät für Naturwissenschaften und Naturhistorisches Museum, alle in Paris; Britisches Museum, Abteilung für Naturgeschichte, London; Mineralogisches Institut der Universität, Rom; Fersman-Museum für Mineralogie, Moskau; Museum Feire de Andrade, Laurenço Marques, Mozambique.

Vorgeschlagen von George Holloway, Northridge, Kalifornien
Fotografiert von Earl Lewis, Los Angeles

Rauchquarz

Sammlung: Peter Indergand, Göschenen, Schweiz
Größe: 90 cm × 60 cm.

Quarz ist in großen Mengen weltweit verbreitet. Er ist das mit Abstand häufigste Mineral überhaupt. Auch seine bräunliche Varietät, bekannt als Rauchquarz, findet sich häufig. Rauchquarz in Edelsteinqualität wird gern geschliffen, und schöne Kristallstufen sind beliebte Schaustücke für Sammlungen von Mineralen und Edelsteinen. Außergewöhnlich schöne Kristalle von Rauchquarz kamen von: Cairngorm, Banffshire, Schottland; Betafo, Madagaskar; Rio Grande do Sul, Brasilien; Guanajuato, Mexiko; Mursinsk im Ural; Pikes Pike, Colorado; sowie von verschiedenen Fundpunkten in der Nähe des St. Gotthard, Schweiz.
Die abgebildete großartige Kristallgruppe fand Peter Indergand sen. 1946 in der Schweiz beim Furka-Paß unweit des Tiefengletschers in einer Höhe von ca. 2600 Metern. Sie befand sich in Granitgestein in einem Hohlraum, der fast ganz mit Eis gefüllt war. Peter Indergand brauchte Wochen, bis er seinen Fund über den Gletscher ins Tal bringen konnte. Diese mühselige Arbeit trug wohl mit zu seinem frühen Tode bei. Die Stufe hat ein Gewicht von 180 Kilogramm. Sie ist, noch auf ihrer Granitunterlage, in dem kleinen Museum und Andenkenladen zu sehen, der von Peter Indergand jun. in Göschenen in der Schweiz betrieben wird.
Andere schöne Rauchquarzkristalle finden sich in folgenden Sammlungen: ein fünf Tonnen schwerer Kristall im Städtischen Museum, Belo Horizonte, Brasilien; eine große Kristallgruppe im Naturhistorischen Museum, Bern; Fersman-Museum für Mineralogie, Moskau; Sammlung H. Huguenin-Stadler, Café und Konditorei Kristall in Altdorf, Schweiz; Städtisches Museum, Idar-Oberstein.

Vorgeschlagen von Valentin Sicher, Gurtnellen, Schweiz
Fotografiert von Willi Guyer, Klingnau, Schweiz

Diamant

Sammlung: Smithsonian Institution, Washington
Kurator: Paul Desautels
Größe: 5,14 cm × 5,1 cm

Der Diamant ist der härteste aller Edelsteine. Seine Härte (10) hat bis zu Beginn der Neuzeit verhindert, daß man ihn viel verwendete, denn man kannte keine Möglichkeit, ihm eine gewünschte Form zu geben. Soweit Diamant früher als Schmuckstein gebraucht wurde, beließ man ihn in seiner naturgegebenen Kristallform, bis man Techniken des Spaltens und Schleifens entwickelte, mit denen aus Diamanten solche schönen Steine werden, wie wir sie heute kennen. Da nahezu alle großen Diamanten zu Brillanten verschliffen wurden, stellen die Museen heute im allgemeinen nur Glasmodelle der nicht mehr existenten Kristalle aus. Der größte je gefundene Diamantkristall war der Cullinan. Er wog 3025 Karat (1 Karat wird heute exakt 200 Milligramm gleichgesetzt) und hatte eine sehr unregelmäßige Begrenzung. Es gab bisher wahrscheinlich noch nicht einmal ein Dutzend Diamantkristalle, die, als sie gefunden wurden, mehr als 200 Karat (40 g) wogen. Nur einer davon, der sogenannte Oppenheimer, wurde in seinem ursprünglichen Zustand belassen. Die weitaus meisten Diamanten sind weiß oder gelblich. Es wurden aber auch schöne Kristalle gefunden, die grüne, blaue, orange, rote oder braune Farbtöne zeigen. Diamant kristallisiert in Form von Oktaedern, das sind Bipyramiden, die von acht gleichseitigen Dreiecken begrenzt werden.
Der wunderbare gelbe Diamantkristall, den man auf der nebenstehenden Farbtafel bewundern kann, ist der Oppenheimer-Diamant. Er wurde bei Dutoitspan in Südafrika gefunden, wiegt 253,7 Karat und ist von einer ganz besonders ausgezeichneten Qualität. Er wurde der Smithsonian Institution von der New Yorker Juwelenhandlung Harry Winston Inc. im Gedenken an Sir Ernst Oppenheimer geschenkt. Er ist nicht nur der größte, sondern auch der schönste Diamantkristall, welcher in seinem ursprünglichen Zustand erhalten geblieben ist. Der Colenso-Diamant, der 133 Karat wog und zur Sammlung des Britischen Museums, Abteilung für Naturgeschichte, gehörte, wurde gestohlen.
Wichtige Diamantfundpunkte: Minen Kimberley, De Beers, Bulfontein und Dutoitspan in Südafrika; Bushimaie, Zaire; Mudgee, New South Wales, Australien; Diamantina, Minas Gerais, Brasilien; Murfreesboro, Pike County, Arkansas.

Vorgeschlagen von Edward Owens, New York City
Fotografiert von Earl Lewis, Los Angeles

Smithsonit

Sammlung: Roger Williams, Encino, Kalifornien
Größe: 25,4 cm × 20,3 cm

Smithsonit ist ein Zinkkarbonat, das häufig in Form brauner Massen vorkommt. Es gibt ihn auch in blauen oder, wie hier, grünen nierenförmigen Ausbildungen. Kristalle sind selten. In Europa nennt man ihn auch Calamin bzw., im deutschen Sprachbereich, Kohlengalmei; doch allgemein gebräuchlich ist Smithsonit. Er ist benannt nach einem wohlhabenden Engländer, James Smithson, der einen beträchtlichen Teil seines Vermögens für die Gründung der Smithsonian Institution bestimmte. Vor Jahren wurde blauer und grüner Smithsonit als Schmuckstein verwendet. Aber seine geringe Härte (4–4,5) ließ bald das Interesse daran erlöschen.

Schöner nierenförmiger Smithsonit wurde im berühmten Silber-, Blei- und Zinkabbau bei Laurion in Griechenland gefunden, wo schon vor 3000 Jahren, vor den Griechen die Phönizier Erze abbauten. Weitere Fundpunkte: Bleiberg, Kärnten; St-Laurent-du-Minier bei Herault in Frankreich; Aachen; Altenberg in Belgien; Iglesias auf Sardinien; Granby, Missouri; Leadville, Colorado; Marion County, Arkansas.

Diese ausgezeichnete Stufe hier wurde in der Kelly Mine, Magdalena County, New Mexico, gefunden. Sie gilt als die größte, am schönsten ausgebildete blaugrüne Smithsonitstufe überhaupt. Die Stufe ist teilweise hohl, aber das Oberteil und die ganze Außenfläche sind makellos. Für Roger Williams, den international anerkannten Pianisten und begeisterten Mineraliensammler, ist dieser Smithsonit das beste Mineral seiner Sammlung.

Sammlungen, die andere schöne, nierenförmig ausgebildete Smithsonite enthalten: Smithsonian Institution, Washington; Bergakademie, Paris; Sammlung David Wilber in Reno, Nevada.

Vorgeschlagen von William Larson, Fallbrook, Kalifornien
Fotografiert von Earl Lewis, Los Angeles

Wolframit

Sammlung: Harvard-Universität, Cambridge
Kurator: Clifford Frondel
Größe: 16,5 cm × 15,2 cm

Wolframit, eines der wichtigsten Wolframerze, enthält neben Wolfram stets Eisen und Mangan. Seine seltenen Kristalle sind gewöhnlich tafelig oder prismatisch ausgebildet. Die Farbe reicht von Grau über Braun bis zu Eisenschwarz. Er hat eine mittlere Härte (5–5,5) und ein hohes spezifisches Gewicht (Dichte). Begleitminerale sind meist Cassiterit (Zinnstein), Arsenopyrit, Quarz, Turmalin und Hämatit.

Wichtige Wolframitlagerstätten: Ehrenfriedersdorf, Sachsen; Schlaggenwald in Böhmen; Baia Sprie (Felsöbanya), Rumänien; Adervielle, Département Hauteș-Pyrénées; Panasqueira, Portugal; Transbaikalien, UdSSR; Cornwall, England; Mawchi, Burma; Ardlethan, New South Wales, Australien; Llallagua, Bolivien; Sierra de Córdoba, Argentinien; Picuris, Taos County, New Mexico; Nanling Range in Südchina, die größte Wolframlagerstätte der Welt.

Bei der abgebildeten wunderschönen Stufe sind die Wolframitkristalle mit einem Büschel eisenfarbener Quarzkristalle vergesellschaftet. Gefunden wurde sie bei Chicote Grande, Inquisivi, Bolivien, im Jahre 1925. Inquisivi ist ein abgelegener Bergwerksort hoch in den bolivianischen Anden. Ringsum ragen riesige Berggipfel auf, die 6300 bis 7000 Meter hoch sind. In der dünnen Luft dieser Höhen ist der Bergbau besonders schwierig, doch wurden gerade dort viele der schönsten Wolframit- und Zinnsteinkristalle gefunden. Unsere Stufe wurde von Señor Ahlfeld aus La Paz in Bolivien gesammelt. 1932 wurde die Ahlfeld-Sammlung mit der Wolframitstufe an die Harvard-Universität verkauft. Der größte Wolframitkristall mißt 2,5 cm × 5,0 cm. Seine Inventarnummer in der Harvard-Sammlung ist 91690.

Andere schöne Wolframite gibt es in folgenden Sammlungen: Bergakademie, Freiberg/Sachsen; Bergakademie und Fakultät für Naturwissenschaften, Paris; Fakultät für Naturwissenschaften, Porto, Portugal; Nationalmuseum, Prag; Fersman-Museum für Mineralogie, Moskau; Sammlung David Wilber, Reno, Nevada.

Vorgeschlagen von Rock Currier, Ardsley, New York
Fotografiert von Earl Lewis, Los Angeles.

Realgar

Sammlung: Edward Swoboda, Los Angeles, Kalifornien
Größe: 15,3 cm × 23,4 cm

Realgar ist mit seiner leuchtend roten Farbe eines der schönsten Minerale, aber gleichzeitig auch eines der tödlichsten. Es ist nämlich chemisch ein Arsenmonosulfid, aus dem z. B. Insektizide und Unkrautvertilgungsmittel hergestellt werden. Realgar ist sehr weich (Härte 1,5–2). Durchsichtig bis durchscheinend, wenn es zutage gebracht wird, zersetzt es sich bei langdauernder Lichteinwirkung zu einem gelblichen Pulver. Realgar kommt mit Antimon-, Gold-, Silber-, Blei- und anderen Arsenerzen zusammen vor. Auch bildet es sich als Exhalationsprodukt bei ausklingender vulkanischer Tätigkeit oder wird aus heißen Quellen abgelagert. Kristalle von guter Qualität sind ausgesprochen selten; wenn man sie aus dem Gestein lösen will, zerbrechen sie gern in einzelne Stücke. Wegen dieser dem Mineral eigenen Sprödigkeit und Instabilität werden schöne Kristallgruppen im allgemeinen nicht ausgestellt.
Gute Kristalle sind bekannt von: Mine Getchell, Golconda, Nevada; Mercury, Tooele County, Utah; Monte Cristo, Snohomish County, Washington; Shimotsuke, Japan; Pozzuoli unweit von Neapel; Binnental, Wallis; Sacaramb, Rumänien.
Diese prächtige Stufe wurde 1972 von Bart Cannon bei Green River Gorge, Franklin, King County, Washington, gefunden. Edward Swoboda erhielt sie im Oktober des gleichen Jahres. Sie zeigt den größten je gefundenen Kristall dieser Mineralart; er mißt in der Länge 5,3 Zentimeter.
Andere schöne Stufen befinden sich im Naturhistorischen Museum in Wien und in den Sammlungen der Smithsonian Institution, Washington.

Fotografiert von Van Pelt, Los Angeles

Magnetit

Sammlung: Nationalmuseum, Prag
Direktor: Karel Tuček
Kurator: Jaroslav Švenek
Größe: 14,7 cm × 9,9 cm

Magnetit, ein Eisenerz, ist, wie sein Name sagt, magnetisch. Er hat eine mittlere Härte 5,5–6,5, eine rabenschwarze Farbe und ein sehr hohes spezifisches Gewicht (Dichte). Riesige Lagerstätten befinden sich bei Kiruna in Schweden; die Vorräte dort werden auf 1,3 Milliarden Tonnen geschätzt. Der griechische Philosoph Theophrast beschrieb etwa 300 vor Christi Geburt in seinem Buch dieses Schwermineral als Stein, der Eisen anzieht. Magnetit hat demnach Wissenschaftler und Laien seit jeher interessiert. Allerdings sind schöne Kristalle von besonderer Größe sehr selten. Die schönsten werden auf alpinen Klüften gefunden. Als Fundstellen für Kristalle von guter Qualität sind bekannt: Falun und Nordmark in Schweden; Ocna de Fier (Vasco), Rumänien; Achmatowsk, Zlatoust, Ural; Zillertal, Tirol; Chillagoe, Queensland, Australien; Itabira, Minas Gerais, Brasilien.
Dieser schöne Kristall, der in Glimmerschiefer eingebettet und von Quarz sowie Dolomitkristallen begleitet ist, wurde 1910 bei der Alp Lercheltini, südwestlich vom St.-Gotthard-Paß in der Schweiz gefunden. Seine Maße sind 5,1 cm × 4,1 cm, seine Inventarnummer 2065.
Die Stufe ist eine der Sehenswürdigkeiten des Mineralienkabinetts im Prager Nationalmuseum, das am oberen Ende des Wenzelsplatzes liegt. Es besitzt Stufen, die vor mehr als zweihundert Jahren gefunden worden sind. Ausgestellt sind unter anderem sehr schöne Mineralstufen aus Böhmen und Rumänien, darunter Hessit, Nagyagit und Stephanit. Dieses Museum ist eines der prunkvollsten auf der ganzen Welt; es hat eine zentrale Halle, die durch fünf Stockwerke reicht. Auf den mit Teppichen belegten Treppen sitzen Hunderte von Menschen, die immer wieder kommen, um zwischen Marmorsäulen Orchestern und Gesangsgruppen zu lauschen.
Weitere Sammlungen, die schöne Magnetite enthalten: Bergakademie und Naturhistorisches Museum, Paris; Institut für Mineralogie der Universität, Turin; Königliches Museum für Naturgeschichte, Stockholm; Harvard-Universität, Cambridge.

Vorgeschlagen von Jaroslav Švenek, Prag
Fotografiert von František Tvrz, Prag

Gediegenes Silber

Sammlung: Peter Bancroft, Ramona, Kalifornien
Größe: 16,5 cm × 11,4 cm

Diese Stufe von gediegenem Silber wurde 1878 in einem Abbau bei Kongsberg, Norwegen, gefunden. In diesen Abbauen fand man gediegenes Silber nahezu chemisch rein. Unsere Stufe ist weder die größte noch die schwerste. Aber sie erhielt den Vorzug vor anderen, weil sie ästhetisch so schön ausgebildet und mit Calcit vergesellschaftet ist. Man sieht ihn als Kristallgruppe seitlich unten an der Stufe; das bläuliche Mineral daneben ist Akanthit und das kupferfarbene ist gediegenes Kupfer.
Das Silbervorkommen bei Kongsberg wurde im Jahre 1623 entdeckt. In der Folge entstand dort eines der ältesten Bergbaureviere Norwegens. König Christian IV. nahm das Vorkommen für die Krone in Besitz und ließ zu seiner Erschließung deutsche Bergleute kommen. Kongsberg entwickelte sich schnell zur größten Stadt Norwegens; im Jahre 1771 waren dort achtzig (!) Silberbergwerke in Betrieb. Sie produzierten in den Jahrhunderten ihrer Existenz 1350 Tonnen Silber. Heute sind nahezu alle Abbaue stillgelegt, weil die reichen Erze erschöpft sind.
Gediegenes Silber ist wesentlich seltener als gediegenes Gold, ist aber in kleinen Mengen weit verbreitet. Die schönsten Stufen stammen von Kongsberg. Beachtliche Stufen kennt man auch von: Freiberg/Sachsen; Pribram in Böhmen; Atacama in Chile; Ontario, Kanada; Aspen, Colorado; und von zahlreichen Fundstellen in Mexiko.
Sammlungen mit schönen Stufen von gediegenem Silber: Universität, Kopenhagen; Bergbaumuseum, Kongsberg; Museum für Geologie, Oslo; Bergakademie und Museum für Naturgeschichte, Paris; Britisches Museum, Abteilung für Naturgeschichte, London; Bergakademie von Freiberg/Sachsen; Harvard-Universität, Cambridge, Massachusetts.

Vorgeschlagen von Carl Stentz, Laguna Hills, Kalifornien
Fotografiert von Earl Lewis, Los Angeles

Brookit

Sammlung: Britisches Museum, Abteilung für Naturgeschichte, London
Kurator: Peter Embrey
Größe: 4,6 cm × 3 cm

Brookit ist ein ziemlich verbreitetes Titanmineral; gut ausgebildete Kristalle sind jedoch sehr selten. Das Mineral hat eine mittlere Härte (5,5–6), ist spröde, gelegentlich durchsichtig und kommt in Farbtönen von Hellbraun bis Dunkelbraun, ja sogar Schwarz vor. Brookite werden am häufigsten in der herrlichen Landschaft der Alpen auf alpinen Klüften gefunden. Diese Klüfte durchsetzen Schiefer und Gneise; als Begleitminerale treten Adular, Quarz, Albit, Anatas, Rutil, Titanit (Sphen), Muskowit, Calcit und Hämatit auf. Mehr als einen Zentimeter große Kristalle sind selten, doch die typischen dünntafeligen Formen werden von zahlreichen Fundpunkten beschrieben.
Fundpunkte schöner Kristalle: Miask im Ural; Frossnitz, Südtirol; Abichalpe, Salzburg; Beura, Piemont; Graubünden; Bourg d'Oisans, Département Isère; Magnet Cove, Arkansas. Brookit hat seinen Namen zu Ehren des englischen Mineralogen Henry James Brooke erhalten, der von 1771–1857 lebte.
Die hier gezeigte Brookitstufe ist wohl eine der schönsten Kleinstufen überhaupt. Sie besteht aus einer attraktiven Kombination von Mineralen: Der Brookitkristall erhebt seine Spitze über einen wasserklaren Quarzkristall. Gefunden wurde diese Stufe in den Jahren nach 1840 bei Tremadoc, Caernarvonshire, Wales. 1856 verkaufte sie ein gewisser Mr. Wright an das Britische Museum, Abteilung für Naturgeschichte. Der Brookitkristall mißt 2,5 cm × 2,5 cm. Die Inventarnummer der Stufe ist 26 967.
Weitere schöne Brookite befinden sich in folgenden Sammlungen: Bally-Museum, Schönenwerd, Schweiz; Naturhistorisches Museum, Bern; Schweizer Bundesanstalt für Technologie, Zürich; Amerikanisches Museum für Naturgeschichte, New York; Naturhistorisches Museum, Wien; Nationalmuseum, Prag; Sammlung Godehard Schwethelm, München.

Vorgeschlagen von Edward Sopworth, Croydon, Großbritannien
Fotografiert von Peter Green und Frank Greenaway, London

Schwefel

Sammlung: Smithsonian Institution, Washington
Kurator: Paul Desautels
Größe: 30,7 cm × 13,2 cm

Unter den Mineralen gibt es nur ein Element, das gelb ist und Kristalle bildet: Schwefel. Er kommt in den von Fumarolen ausgeblasenen Gasen vor und bildet sich so häufig im Verlauf vulkanischer Tätigkeit. Die Industrie benötigt Schwefel bei der Vulkanisierung von Gummi und der Herstellung von Papier, Streichhölzern, Schießpulver, Feuerwerkskörpern und Insektiziden. In der Medizin werden Schwefelpräparate bei der Behandlung von Hautkrankheiten eingesetzt. Schwefel ist Bestandteil einer ganzen Reihe anderer Minerale. Am schönsten aber zeigt er sich im elementaren Zustand als strahlend gelbe, pyramidal oder tafelig ausgebildete Kristalle. Gute Schwefelkristalle bedürfen besonderer Sorgfalt, denn Wärme oder Licht im Übermaß rufen sehr bald Sprünge und Risse hervor und können schließlich die ganze Stufe zerstören. Auch unvorsichtige Behandlung kann ähnliche katastrophale Folgen haben. Für dieses Buch wurden Hunderte von Schwefelstufen geprüft, von denen manche seinerzeit, als sie gefunden wurden, sicherlich von einzigartiger Schönheit waren; aber Staub, Wärme und Schrammen hatten ihren Wert inzwischen allzu sehr gemindert.
Die schönsten Schwefelkristalle wurden in Sizilien gefunden, bei Agrigent, Cianciana, Rocalmuto und Cattolica, wo die ersten Schwefelvorkommen schon vor 1250 vor Christus abgebaut wurden. Andere Fundpunkte schöner Kristalle: Pericara in der Romagna, Italien; Conil, Provinz Cadiz; Calcasieu Parish, Louisiana.
Diese hier gezeigte Schwefelstufe ist außergewöhnlich, einmal wegen ihrer Größe und zum anderen wegen der Vollkommenheit ihrer Kristalle, die alle so gut wie gar nicht beschädigt sind. Sie wurde bei Agrigent auf Sizilien gefunden und von E. I. Du Pont de Nemours erworben. 1968 gelangte sie auf dem Tauschwege an die Smithsonian Institution. Ihre Inventarnummer ist R 16918. Der größte Kristall ist 7,1 cm lang.
Sammlungen mit schönen Stufen von Schwefel: Institut für Mineralogie der Universität und Städtisches Museum, Mailand; Schweizer Bundesanstalt für Technologie, Zürich; Museum für Naturwissenschaften, Madrid; Naturhistorisches Museum, Wien; Bergakademie, Leningrad.

Fotografiert von Earl Lewis, Los Angeles.

Tansanit

Sammlung: Smithsonian Institution, Washington
Kurator: Paul Desautels
Größe: 5,6 cm × 3,3 cm

Vor wenigen Jahren erst, 1967, entdeckte man im oberen Teil des Umba-Tales nahe den Usumburu-Bergen in Tansania einen neuen wunderschönen Edelstein. Man stellte fest, daß es sich dabei um die blaue Varietät des Minerals Zoisit handelte, und gab dem Mineral nach dem Lande, aus dem es kam, den Namen Tansanit. Zoisit hatte man in den Farben Rosa und Grün bereits früher gekannt, aber Tansanit zeigt eine Vielfalt von Farbtönen zwischen Tiefblau und Violett. Außerdem hat dieser neue Edelstein wasserklare Abschnitte, die man zu den wohl schönsten Edelsteinen überhaupt verschleifen kann. Tansanit hat hohen Glanz und ist ziemlich hart (Härte 6,5–7); sein auffallendstes Merkmal aber ist sein Pleochroismus: ein geschliffener Stein kann in der einen Richtung saphirblaue Farbe zeigen, wenn man ihn aber aus einer anderen Richtung betrachtet, dann ist seine Farbe lavendel. Im Tal des Umba wurden sehr viele Tansanitkristalle gewonnen; bisher ist keine andere Fundstelle bekannt.
Der hier gezeigte großartige Kristall wurde 1969 gefunden. Er zeichnet sich aus in Farbe, Größe, Vollkommenheit und Transparenz; man könnte daraus einige ausgezeichnete Schmucksteine schleifen. An die Smithsonian Institution verkaufte ihn 1970 Martin Ehrmann. Der Kristall wurde noch nicht katalogisiert und hat deshalb auch noch keine Inventarnummer.
Andere Sammlungen mit schönen Tansaniten: Sammlung Gerhard Becker, Idar-Oberstein; Harvard-Universität, Cambridge, Massachusetts; Amerikanisches Museum für Naturgeschichte, New York; Sammlung Edward Swoboda, Los Angeles.

Fotografiert von Earl Lewis, Los Angeles

Akanthit

Sammlung: Britisches Museum, Abteilung für Naturgeschichte, London
Kurator: Peter Embrey
Größe: 13,8 cm × 5,7 cm

Akanthit ist der geläufige Name für das schwarze Silbersulfid-Mineral, das man früher Argentit oder auch Silberglanz nannte. Gewöhnlich kommt es in derben Massen vor und ist das wichtigste primäre Silbererz. Kristalle von mehr als 6 mm Größe sind zwar selten, aber doch in den meisten Museen zu sehen. Kristalle von über 12 Millimeter gelten als etwas Besonderes, vor allem, wenn sie gut ausgebildet sind und einer attraktiven Grundmasse aufsitzen. Akanthit läuft unter starkem Lichteinfall sehr rasch matt an, hat ein sehr hohes spezifisches Gewicht und ist so weich (Härte 2), daß man ihn mit dem Messer schneiden kann. In Erzkörpern kommt er zusammen mit gediegenem Silber, Proustit, Pyrargyrit, Pyrit, Bleiglanz, Kupferkies, Zinkblende, Tetraedrit, Calcit, Limonit und Quarz vor. Sehr schöne Stufen kennt man von: Kongsberg, Norwegen; St. Andreasberg im Harz; Annaberg, Sachsen; Monte Sarrabus, Sardinien; Liskeard, Cornwall; Guanajuato, Mexiko; Chañarcillo, Atacama, Chile; Colquechaca, Bolivien; Butte, Montana; Virginia City, Nevada.
Unsere Stufe hier wurde in den fünfziger Jahren des 19. Jahrhunderts in der Grube Himmelfahrt unweit Freiberg/Sachsen gefunden. Das Britische Museum, Abteilung für Naturgeschichte, kaufte sie im Jahre 1864 von einem Dr. Bondi. Sie ist ein schönes Beispiel für die Verwachsung gut ausgebildeter Kristalle. Der größte Einzelkristall mißt 1,9 cm und wenigstens vierzehn andere überschreiten 1,2 cm.
Viele große Silberbergwerke auf der ganzen Welt haben ihren Abbau, wahrscheinlich für immer, eingestellt; aber die berühmten Abbaue in der Umgebung von Freiberg in Sachsen sind immer noch in Betrieb. Die Erzgänge um Freiberg mit ihren Silbermineralen und den sie begleitenden Wismut-, Zink-, Kobalt-, Blei- und Nickelerzen wurden schon im frühen zwölften Jahrhundert entdeckt. Es stimmt zwar, daß die reichsten Erze abgebaut und die Gruben also in dieser Hinsicht erschöpft sind. Doch es ist immer noch viel Silber da, und der Vorrat an Blei- und Zinkerzen scheint schier unerschöpflich. Kristalle der verschiedensten Arten kommen – bisweilen täglich – hier ans Tageslicht und werden zur näheren Untersuchung oder zum Verkauf an die Bergakademie gebracht. Wer weiß, vielleicht tauchen morgen schon in Freiberg mehrere glänzende Würfel von Akanthit auf, zur Freude eines jeden Kristalliebhabers.
Andere Sammlungen, in denen man schöne Akanthite bewundern kann: Amerikanisches Museum für Naturgeschichte, New York; Universität, Kopenhagen; Bergakademie, Freiberg/Sachsen; Naturhistorisches Museum, Paris; Bergbaumuseum, Kongsberg, Norwegen; Smithsonian Institution, Washington; Naturhistorisches Museum, Wien; Mährisches Museum, Brünn; Nationalmuseum, Prag.

Vorgeschlagen von Thomas Farther, London
Fotografiert von Peter Green und Frank Greenaway, London

Amazonit

Sammlung: Smithsonian Institution, Washington
Kurator: Paul Desautels
Größe: 18,2 cm × 17,9 cm

Amazonit oder Amazonenstein ist die grüne oder blaugrüne Varietät von Mikroklin. Chemisch setzt er sich zusammen aus Kalium, Aluminium, Natrium und Kieselsäure. Er ist von mittlerer Härte (6–6,5), gewöhnlich durchscheinend bis durchsichtig und hat einen hellen Glanz. Amazonit kristallisiert in Form kurzer, gedrungener Kristalle und hat eine ausgezeichnete Spaltbarkeit. Ganze Kristalle und Spaltstücke von Kristallen guter Qualität werden zu Einlegearbeiten verwendet und als Cabochons für Ringe und Anhänger verschliffen. Er ähnelt Jade und wird manchmal mit diesem verwechselt. Gelegentlich kommt er zusammen mit Rauchquarz vor, eine Kombination von ganz besonderem Reiz. Amazonit wurde im Ilmengebirge, UdSSR, gefunden; bei Kragerö, Telemark und Larvik, Vestfold, beide in Norwegen; bei Pikes Peak und Florissant, Teller County, Colorado.
Die abgebildete großartige Stufe wurde am Crystal Peak, Teller County, Colorado, kurz nach 1900 gefunden. F. W. Clarke schenkte sie der Smithsonian Institution, wo man sie der C.-S.-Bement-Sammlung am 4. Mai 1909 einverleibte. Ihre Inventarnummer ist 86555. Es gibt nur etwa ein halbes Dutzend wirklich schöner Mineralstufen, bei denen Rauchquarz und Amazonit vergesellschaftet sind; diese hier wurden wegen der Vollkommenheit der Kristalle, der schönen Farben und der reizenden Anordnung ausgewählt. Sie diente schon mehrfach zur Illustration von Aufsätzen über Minerale.
Andere schöne Vergesellschaftungen von Amazonit mit Rauchquarz sind in folgenden Sammlungen zu sehen: Harvard-Universität, Cambridge, Massachusetts; Amerikanisches Museum für Naturgeschichte, New York; Sammlung E. M. Gunnell, Denver, Colorado; Bergakademie, Paris.

Vorgeschlagen von C. Douglas Woodhouse, Santa Barbara, Kalifornien
Fotografiert von Earl Lewis, Los Angeles

Calcit

Sammlung: Britisches Museum, Abteilung für Naturgeschichte, London
Kurator: Peter Embrey
Größe: 18 cm × 12,8 cm

Calcit ist eines der verbreitetsten und bekanntesten Minerale überhaupt. Er kommt in allen möglichen Formen und Farben vor. Calcit ist ein weiches Mineral, sehr spröde und zeigt gewöhnlich eine deutliche Spaltbarkeit nach dem Rhomboeder; sind diese Spaltstücke wasserklar und durchsichtig, so nennt man ihn „Isländer Doppelspat". An Doppelspat und natürlich auch an jedem anderen hinreichend durchsichtigen Spaltstück kann man das Phänomen der Doppelbrechung beobachten. Das heißt, ganz einfach ausgedrückt, wenn man durch so ein Spaltstück hindurch eine Linie betrachtet, so sieht man statt einer deren zwei. Manche Arten fluoreszieren oder phosphoreszieren, wenn sie Licht aus dem kurzwelligen oder langwelligen Ultraviolettbereich ausgesetzt werden. Chemisch ist Calcit Calciumcarbonat. Er kann in Form schöner Kristalle, von Fasern, Schalen, Sand und Konkretionen ausgebildet sein. Häufig tritt er zusammen mit anderen Mineralen auf, die seine Farbe ändern können. Nicht selten wird Calcit aus kalkhaltigen Wässern in Form dicker Schichten abgelagert. Auf Erzlagerstätten kommt er zusammen mit Quarz, Fluorit, Siderit, Dolomit, Baryt, Bleiglanz und Zinkblende vor.
Fundorte guter Kristalle: Helgustadir, Eskifjördur auf Island (der größte maß 50 cm × 16 cm); Chalanches, Allemont, Frankreich; Rhisnes, Belgien; Pribram, Böhmen; Weardale, Lancashire; Andreasberg, Harz; Kongsberg, Norwegen; Hamman Meskoutine, Gudma, Algerien; Guanajuato, Mexiko; Joplin, Missouri; Bisbee, Arizona; Ottawa County, Quebec, Kanada.
Die hier gezeigte Stufe wurde aus Hunderten von in Betracht kommenden ausgewählt, weil die Kristalle so vollkommen ausgebildet sind, eine eigenartige Farbe haben und zu einer interessanten büschelartigen Form verwachsen sind. Gefunden hat man sie kurz nach 1900 bei Bigrigg, Cumberland, England. Dann kaufte sie J. Graves aus Frizington im Cumberland, der sie im Jahre 1903 dem Britischen Museum, Abteilung für Naturgeschichte, anbot. Sie ist als Bild 6 auf Tafel III in A. L. Tuttons Buch „Kristalle" im Jahre 1911 veröffentlicht. Der längste Kristall ist 15,4 cm lang. Im Museum hat die Stufe die Inventarnummer 86419.
Andere schöne Calcitstufen gibt es in folgenden Sammlungen: Fakultät für Naturwissenschaften und Bergakademie, Paris; Sammlung Arlis Coger, Huntsville, Arkansas; Geologisches Museum, London; Cranbrook Institut für Wissenschaften, Bloomfield Hills, Michigan.

Vorgeschlagen von A. M. Wali, London
Fotografiert von Peter Green und Frank Greenaway, London

Rosenquarz

Sammlung: H. Rudolf Becker, Idar-Oberstein
Größe: 17,5 cm × 10,2 cm

Rosenquarz ist relativ hart (Härte 7), hat häufig eine schöne rosa Farbe und ist bisweilen so weit frei von Einschlüssen und Kristallfehlern, daß man daraus kunstgewerbliche Gegenstände und Schmucksteine schneiden und schleifen kann. Gewöhnlich kommt er in den inneren Partien von Pegmatiten vor. Bis vor kurzer Zeit waren Rosenquarzkristalle von guter Qualität unbekannt, da Rosenquarz in Erzkörpern die sich ihm darbietenden Hohlräume vollständig ausfüllt, womit es zu keiner Ausbildung schöner Kristalle kommen kann. Erst Anfang 1959 wurden kleine Aggregate von Rosenquarzkristallen in Brasilien gefunden, und zwar bei den Städten Pedra Azul, Teofilo Otoni und Governador Valdares. Skeptiker vermuteten in diesen Rosenquarzkristallen künstlich gefärbte weiße Quarzkristalle. Andere wieder meinten, daß, wenn es sich in der Tat um Rosenquarz handele, dieser am Tageslicht sehr schnell ausbleichen und seine rosa Farbe verlieren werde. Nichtsdestoweniger stießen die Funde in der Mineralwelt auf beachtliches Interesse. In den folgenden Monaten wurden neue Gruppen von Rosenquarzkristallen zutage gefördert, die so schön waren, daß sie mit jeder anderen vorher gefundenen Mineralstufe in Konkurrenz treten konnten. Es stellte sich außerdem heraus, daß es sich um echte Farben handelte, die unter Tageslichteinfluß nicht verblaßten.
Unsere ausgezeichnete Stufe wurde wegen ihrer einmaligen Schönheit ausgesucht. Ihre Kristalle sind auf einem größeren, weißen Quarzkristall schön angeordnet aufgewachsen, wobei die Natur gleichsam als Kontrast noch etwas bräunlichen Eosphorit hinzuhauchte. Gefunden wurde diese Stufe im Bergbaudistrikt Arassuahy-Jequitinhonha, Minas Gerais, Brasilien, im Jahre 1971.
Andere schöne Gruppen von Rosenquarzkristallen: Smithsonian Institution, Washington; Geologisches Museum, London; Sammlung Peter Bancroft, Romana, Kalifornien.

Vorgeschlagen von Gerhard Becker, Idar-Oberstein
Fotografiert von Karl Hartmann, Sobernheim

Legrandit

Sammlung: Smithsonian Institution, Washington
Kurator: Paul Desautels
Größe: 22,8 cm × 15,6 cm

Legrandit ist eines der seltensten und schönsten Minerale. Entdeckt hat ihn der belgische Bergwerksdirektor Legrand in den zwanziger Jahren. Er fand ihn in dem Zinkbergwerk Flor de Pena unweit Lampazas, Nuevo León Mexiko. Es ist dies der einzige Fundpunkt, an dem bisher Legrandit gefunden wurde. Nur einige wenige gute Stufen von Legrandit fanden ihren Weg aus Mexiko heraus, bis im Jahre 1968 neue mit Legrandit gefüllte Hohlräume aufgedeckt wurden. Seitdem kamen einige hundert Stufen von Legrandit zum Verkauf und sind nun in Sammlungen auf der ganzen Welt zu finden.
Legrandit enthält Zink und Arsen; er tritt in Form radialstrahliger, gelber bis orangefarbener Kristalle auf. Kristalle von Legrandit bilden sich vor allem in Hohlräumen des Eisenoxidminerals Limonit. Er wird auch zusammen mit Zinkblende, Pyrit und Siderit gefunden.
Die abgebildete Stufe wurde 1968 gefunden. Sie weist die größten bekannten Kristalle auf, die von Endflächen begrenzt sind. Der größte Kristall mißt 3,1 cm × 1,3 cm. Die Smithsonian Institution kaufte die Stufe von Benny J. Fenn am 16. April 1969. Finanziert wurde der Kauf mit Mitteln des Roebling-Fonds. Die Stufe gehört jetzt zur Roebling-Sammlung. Ihre Inventarnummer ist R 17300. Man sieht auf der Abbildung etwa die Hälfte der Stufe.
Andere Sammlungen mit sehenswerten Legranditstufen: Amerikanisches Naturhistorisches Museum, New York; Sammlung Edward Bancroft, San Diego, Kalifornien; Sammlung Thomas McKee, Paradise Valley, Arizona.

Vorgeschlagen von Thomas McKee, Paradise Valley, Arizona
Fotografiert von Earl Lewis, Los Angeles

Perowskit

Sammlung: Britisches Museum, Abteilung für Naturgeschichte, London
Kurator: Peter Embrey
Größe: 11,4 cm × 8,9 cm

Perowskit ist ein seltenes Mineral, das neben den verbreiteten chemischen Elementen Calcium und Titan auch eine ganze Reihe seltener Elemente enthalten kann, wie Cer, Erbium, Yttrium und Lanthan. Das Mineral bildet braune oder schwarze, grob würfelförmige Kristalle, die in metamorphen Kalken und Schiefern und in basischen Pegmatiten vorkommen. Perowskit hat eine mittlere Härte 5,5, ein mittleres spezifisches Gewicht und ist gewöhnlich von hohem Glanze. Er ist, weil selten, kein Handelsobjekt. Schöne Kristalle allerdings sind bei Sammlern hochgeschätzt.
Zum ersten Male gefunden wurde er in Chloritschiefern im Ural. Heute kennt man auch andere Fundpunkte: Schelingen im Kaiserstuhl; Oberwiesenthal in Sachsen; Eifel; St. Ambrogio in Piemont; Emerese, Val d'Aosta; Catalão Goyaz, Minas Gerais, Brasilien; Norrvick, Schweden. Den Namen trägt Perowskit zu Ehren eines L. A. Perowski aus St. Petersburg, dem heutigen Leningrad.
Diese Stufe hier bekam das Britische Museum, Abteilung für Naturgeschichte, 1865 von einem Herrn Kokscharow, der sehr schöne Mineraliensammlungen von Rußland nach Großbritannien brachte. Gefunden wurde sie bei Achmatowsk unweit Kussinsk im Bezirk Zlatoust im Uralgebirge. Die Grundmasse bildet bläulicher Calcit. Der größte Kristall mißt 3,3 cm. Die Inventarnummer dieser Stufe ist 39111.
Andere schöne Stufen von Perowskit: Bergbauinstitut, Leningrad; Bergakademie, Paris; Mineralogisches Institut der Universität, Turin. Eine großartige derbe Masse von Perowskit besitzt das Fersman-Museum für Mineralogie in Moskau.

Vorgeschlagen von Alan Jobbins, Geologisches Museum, London
Fotografiert von Peter Green und Frank Greenaway, London

Anhydrit

Sammlung: Amerikanisches Museum für Naturgeschichte, New York
Kurator: Vincent Manson
Größe: 5,7 cm × 4,4 cm

Anhydrit ist ein Mineral, das rein zur Bodenverbesserung, bei Zement als Zusatz zur Bestimmung der Abbindezeit, und als Agens bei der Herstellung von Schwefelsäure verwendet wird. Von dem sehr verbreiteten Mineral finden sich an vielen Stellen der Erde große Lagerstätten.

Nach einer solchen Einleitung fragt man sich unwillkürlich: „Warum wurde gerade Anhydrit in diese exklusive Sammlung aufgenommen?“ Nun, ganz einfach deshalb, weil gut ausgebildete Kristalle von Anhydrit in allen Sammlungen zu den wertvollsten Stükken zählen.

Unser Kristall ist das bekannteste Beispiel der lavendelfarbenen Varietät von Anhydrit, die Edelsteinqualität aufweist. Solche Kristalle sind extrem selten; Fundpunkte dafür gibt es bei Salzburg und bei Staßfurt in der DDR. Weniger gut ausgebildete Kristalle kennt man vom Salzabbau nordöstlich von Bex und aus der Gegend von Granges und Leissingen, alle in der Schweiz.

Die hier gezeigte Stufe wurde in den zwanziger Jahren beim Bau des Simplon-Tunnels gefunden. Die schönsten Kristalle traten auf Klüften in Gips und Anhydrit auf, die etwa 9500 Meter vom Nordeingang des Tunnels entfernt waren.

Wenn der Mineraliensammler durch diesen Tunnel tief unter den Schweizer Alpen fährt, so sollte er wissen, daß hinter den mit Zement verkleideten Wänden an einem Punkt, etwa 9500 Meter vom Tunneleingang bei Brig entfernt, noch andere schöne lavendelfarbene Anhydritkristalle liegen, die für immer seiner suchenden Hacke entzogen sind. Als der Tunnel gebaut wurde, blieben einfach keine Zeit und Gelegenheit, alle schönen Kristalle dieses Abschnittes herauszuholen. Nur was sich im Bereich des Bohrlochs selbst befand, konnte geborgen werden. Die hier gezeigte gilt als die größte, am intensivsten gefärbte und als eine der wenigen völlig fehlerfreien Anhydritstufen, die es gibt. Ihre Inventarnummer ist 36 899.

Sammlungen mit weiteren schönen Anhydriten: Sammlung Godehard Schwethelm in München; Fakultät der Wissenschaften, Paris; Britisches Museum, Abteilung für Naturgeschichte, London; Naturhistorisches Museum, Basel.

Vorgeschlagen von Eric B. Rubenstein, Flushing, New York
Fotografiert von Arthur Singer, New York City

Cassiterit

Sammlung: Smithsonian Institution, Washington
Kurator: Paul Desautels
Größe: 15 cm × 11,3 cm

Cassiterit heißt auch Zinnstein, was verständlich wird, wenn man weiß, daß das Mineral das wichtigste Zinnerz ist. Gewöhnlich ist Cassiterit braun oder schwarz; doch nicht selten findet man ihn auch in anderen Farben, wie Weiß, Grau, Gelb oder Rot. Er ist ein Schwermineral und ziemlich hart (Härte 6–7). Er bildet stark glänzende, kurzprismatische Kristalle. Diese sind zwar recht häufig, doch solche von etwas über einem Zentimeter sind ungewöhnlich, und Kristalle über 2,5 cm sind ausgesprochen selten. Das Mineral Zinnstein ist für hohe Bildungstemperaturen charakteristisch und tritt in Form von Adern oder großen Klumpen im Gestein auf. Begleitminerale sind Wolframit, Quarz, Fluorit, Wismutglanz, Molybdänit und Turmalin.
Zinn wird als Schutzüberzug für andere Metalle verwendet, zur Herstellung von Weichlot und von Legierungen. Der Name Cassiterit ist übrigens von dem griechischen Wort für Zinn abgeleitet. Zinnbergwerke sind bekannt dafür, daß sie in den unzugänglichsten Regionen von Gebirgen liegen. Viele bolivianische Zinnabbaue findet man in Höhen von über 4000 Metern.
Fundpunkte schöner Zinnsteinkristalle: Schlaggenwald, Böhmen; St. Christoph bei Breitenbrunn, Sachsen; Villeder, Département Morbihan, Frankreich; Emmaville, Glen Innes, New South Wales, Australien; Siglo Vente Mine, Catavi, Bolivien; Potosì, Bolivien; Llallagua, Bolivien; Colcoath Gang, Redruth, Cornwall; aus dieser und anderen Zinngruben bei Redruth deckte bereits Julius Cäsar den Zinnbedarf des römischen Imperiums.
Die hier abgebildete Stufe zeigt die schönsten und größten Zinnsteinkristalle, die bekannt sind. Gefunden wurde sie in den dreißiger Jahren bei der Fazenda do Funil, Ponto do Reis, Ferros, Brasilien. Die Smithsonian Institution kaufte sie im Jahre 1940 von Allan Caplan mit Mitteln des Canfield-Fonds. Sie gehört jetzt unter der Inventarnummer C 5698 zur Canfield-Sammlung.
Andere schöne Zinnsteine sind zu finden in: Sammlung Mrs. Mark Bandy, Salt Lake City, Utah; Naturhistorisches Museum, Paris; Britisches Museum, Abteilung für Naturgeschichte, London; Fersman-Museum für Mineralogie, Moskau; Harvard-Universität, Cambridge, Mass.; Bergakademie, Freiberg/Sachsen; Naturhistorisches Museum, Wien; Museum für Naturgeschichte der Universität, Oporto, Portugal; Nationalmuseum, Prag.

Vorgeschlagen von Charles Key, St. Petersburg, Florida
Fotografiert von Earl Lewis, Los Angeles

Krokoit

Sammlung: Edward Swoboda, Los Angeles
Größe: 11 cm × 4,5 cm

Nahezu jeder ausgesucht schöne, kristallisierte Krokoit kommt von Tasmanien, der Insel vor Australien; und ein Großteil dieser Krokoite wurde schon vor vielen Jahren gefunden. Das leuchtend rote Mineral ist ein Bleichromat, das lange prismatische Kristalle bildet. Häufig werden die Endflächen beschädigt, wenn man die Kristalle aus dem Abbau herausholt. Trotzdem sind die glänzenden, schlanken Kristalle ein Schmuckstück einer jeden Sammlung. Krokoit ist selten. Gewöhnlich entsteht er als typische sekundäre Bildung aus heißen Lösungen innerhalb von Bleilagerstätten. Gute Kristalle kennt man von Swerdlowsk, früher Jekaterinburg, wo er zum ersten Male gefunden wurde, und Mursinsk, beide im Ural gelegen. Weitere Fundpunkte: Baltsa Bihorului (Rezbanya), Rumänien; Goyabeira, Congonhas do Campo, Minas Gerais, Brasilien; Penchalonga-Mine, Umtali, Rhodesien; Dundas, Tasmanien. Mit Krokoit zusammen kommen Cerussit, Chromit, Wulfenit, Limonit, Pyromorphit, Vanadinit und Descloizit vor.
Die hier gezeigte Stufe wurde in den zwanziger Jahren im Abbau Adelaide bei Dundas gefunden. In der Nähe liegt die Stadt Zeehan, wo heute die Bergleute geduldig auf bessere Zeiten warten. Zeehan ist in der Tat alles, was von dem einmal so lärmenden Bergarbeiterlager Dundas geblieben ist. Die Lagerstätte von Dundas hat sich längst erschöpft, die meisten Bleibergwerke sind abgesoffen, eingestürzt und geschlossen. Nur selten noch wird ein schöner Krokoitkristall gefunden und gibt so Kunde von den Anstrengungen eines ausgekochten Strahlers. Mittelpunkt der Stadt ist das etwa ein Jahrhundert alte Zentralhotel; viele Geschäfte und die Stadthalle sind jetzt geschlossen. Aber das Bergbaumuseum von Zeehan lohnt immer noch eine Reise zu dieser vergessenen Stadt am Rande der Welt. Das Museum beherbergt acht oder zehn große prächtige Stufen von Krokoit.
Sammlungen, die ebenfalls schöne Krokoite umfassen: Australisches Museum, Sydney; Sammlung Albert Chapman, Sydney; Britisches Museum, Abteilung für Naturgeschichte, London; Bergakademie, Freiberg/Sachsen; Naturhistorisches Museum, Wien; Bergakademie, Madrid; Fakultät für Naturwissenschaften und Naturhistorisches Museum, Paris; Fakultät für Naturwissenschaften, Lissabon; Königliches Museum für Naturgeschichte, Stockholm; Amerikanisches Museum für Naturgeschichte, New York; Sammlung Peter Bancroft, Ramona, Kalifornien.

Vorgeschlagen von Robert Ramsey, San Diego, Kalifornien
Fotografiert von Earl Lewis, Los Angeles

Proustit

Sammlung: Britisches Museum, Abteilung für Naturgeschichte, London
Kurator: Peter Embrey
Größe: 8,3 cm × 6,4 cm

Der scharlach- bis zinnoberrote Proustit zeigt wohl eine der lebhaftesten Farben des Mineralreiches. Gelegentlich bildet Proustit – er wird auch helles Rotgültigerz genannt – nahezu durchscheinende prismatische Kristalle; dann ähnelt er in der Farbe sehr dem Rubin. Leider ist Proustit ausgesprochen weich (Härte 2–2,5) und wird unter Lichteinfluß schnell trübe, so daß man ihn nicht als Schmuckstein verwenden kann. Das rot gefärbte Silbermineral kann man auf den meisten Silberlagerstätten finden. Es bildet sich bei niederen Temperaturen und ist bei der Ablagerung von Silbermineralen eine der letzten Bildungen. Schönere Kristalle findet man vor allem in Taschen und Adern in den obersten Partien von Silberlagerstätten.
Fundpunkte ausgezeichneter Kristalle: Batopilas, Chihuahua, Mexiko; Grube Himmelsfürst, Freiberg/Sachsen; Ste-Marie-aux-Mines (Markirch), Elsaß; Monte Sarrabus, Sardinien; Joachimsthal, Böhmen; Keeley Mine, South Lorrain, Cobalt, Ontario, Kanada.
Besonders schöne Proustite sind eine Seltenheit. Wegen der Gefahr der Trübung müssen sie vor Kunst- und Tageslicht geschützt aufbewahrt werden und sind kaum jemals ausgestellt. Proustit hat seinen Namen zu Ehren des französischen Chemikers J. L. Proust (1754–1826).
Die hier gezeigte Stufe wurde etwa im Jahre 1895 bei Chañarcillo, Atacama, Chile, gefunden. Von diesem Fundpunkt kamen im Laufe der Jahre fast alle großen Proustite. Unsere Stufe wurde im Jahre 1900 von R. Jaques an das Britische Museum, Abteilung für Naturgeschichte, verkauft. Sie galt damals als der größte bekannte Proustitkristall. Zwar gibt es heutzutage in manchen Sammlungen größere Kristalle. Aber nach übereinstimmendem Urteil war dem hier gezeigten Kristall wegen seiner Schönheit, der vollkommenen Kristallausbildung und der wunderbaren Farbe der Vorzug zu geben. Die Inventarnummer ist 84698.
Andere schöne Proustite: Sammlung John Jago, San Franzisko; Bergakademie, Mexico City; Bergakademie, Paris; Smithsonian Institution, Washington; Amerikanisches Museum für Naturgeschichte, New York; Geologisches Museum, Oslo; Bergakademie, Freiberg/Sachsen; Nationalmuseum, Prag; Universität von Santiago in Chile.

Vorgeschlagen von C. Douglas Woodhouse, Santa Barbara, Kalifornien
Fotografiert von Peter Green und Frank Greenaway, London

Ludlockit

Sammlung: David Wilber, Reno, Nevada
Größe: 4,5 cm × 3,8 cm

Ludlockit ist das seltenste und vielleicht am wenigsten bekannte Mineral unserer Sammlung. Und ohne das Glück und die Kenntnisse von Frederick Smith, einem Mineralienhändler aus New Jersey, wäre das Mineral vielleicht heute noch unbekannt. Als er 1967 nach Tsumeb in Südwestafrika gereist war, um dort Mineralien aufzukaufen, klopfte er eines Abends auf gut Glück bei einem Bergarbeiter an, um zu sehen, ob der ein interessantes Mineral zu verkaufen habe. Während des Gesprächs bemerkte Herr Smith auf der vorderen Veranda eine etwa 30 cm große Stufe, die er für ein Germaniumerz hielt. Kleine Adern eines bräunlichen Minerals auf der Außenseite machten ihn neugierig, und er dachte, daß vielleicht im Block drin schönere Kristalle zu finden wären. Glücklicherweise war der Bergarbeiter bereit mitzumachen. Das Stück wurde aufgeschlagen, und zum Entzücken aller Anwesenden kam ein Hohlraum von rund 15 cm Durchmesser zum Vorschein, der mit glänzend braunen Kristallen gefüllt war. Smith erwarb die Kristalle und brachte sie in die Vereinigten Staaten. Dort ergab die Untersuchung, daß es sich bei den Kristallen um eine ganz neue Mineralart handelte. Der volle Name von Mr. Smith lautet Frederick Ludlow Smith III, und der Name seines Partners war Charles Locke Key. Also bildete man aus den Namen dieser beiden Herren den Namen des neuen Minerals: Ludlockit. Es gibt davon nur einige wenige Stufen; bis heute war der einzige Fundpunkt dieses Minerals der Felsbrocken im Haus des Bergarbeiters in Tsumeb.
Die hier gezeigte Stufe ist die mit Abstand größte und schönste von Ludlockit. Händler, Kuratoren und Sammler sind übereinstimmend der Ansicht, daß es sich hier um die schönste Stufe eines neuen Minerals handelt, welches in den letzten zehn Jahren entdeckt worden ist. Auch die Mona Lisa ist nicht das größte Bild, und so kann auch dieses bißchen Kristall, was seine Schönheit angeht, unter anderen Mineralen bestehen. Ludlockit ist ein Eisenarsenat. Andere Ludlockite befinden sich in den Sammlungen Edward Swoboda, Los Angeles, und William Larson, Fallbrook, Kalifornien.

Vorgeschlagen von George Holloway, Northridge, Kalifornien
Fotografiert von Earl Lewis, Los Angeles

Blauer Topas

Sammlung: Fersman-Museum für Mineralogie, Moskau
Direktor: G. P. Barsanow
Sekretär: Orlow Leonidowich
Größe: 12,7 cm × 10,2 cm

Blauer Topas gehört zu den schönsten der klassischen Edelsteine. Er ist zart babyblau, hat die Härte 8 und Glasglanz. Weil relativ preiswert, ist er ein sehr beliebter Edelstein.
Fundpunkte: Ural; Ukraine; Mourne Mountains, County Down, Irland; verschiedene Fundpunkte in der Provinz Minas Gerais, Brasilien; Miami, Rhodesien; Ramona, Kalifornien.
Der hier abgebildete herrliche Kristall wurde um das Jahr 1850 im Ural, bei Alabaschka, unweit Mursinsk bei Swerdlowsk geschürft. Er gehört zur großartigen Mineral- und Edelsteinsammlung des Fersman-Museums für Mineralogie, einer Abteilung der Sowjetischen Akademie der Wissenschaften. Der Grundstock zu dieser Sammlung wurde gelegt, als Zar Peter der Große im Jahre 1716 den Kauf der Danzig-Sammlung mit ihren 1195 verschiedenen Mineralarten anordnete. Diese Sammlung war dann auch die Keimzelle für die mineralogische Abteilung der Akademie der Wissenschaften. Im Lauf der Jahre nahm die Sammlung zu, sowohl an Größe wie an Qualität, und im Jahre 1934 wurde sie für immer in den ehemaligen Reitstall des Fürsten A. G. Orlow verlegt. Damit war ein eigenes Museum entstanden. Es erhielt den Namen Fersman-Museum für Mineralogie nach dem früheren Akademiemitglied und Direktor dieses Museums A. Y. Fersman, einem hervorragenden russischen Mineralogen. Heute ist dieses Museum eine wissenschaftliche Fundgrube. Hier sind mehr als 120000 Mineralstufen aufbewahrt und ausgestellt, eine ganze Reihe davon einmalig in Größe und Qualität. Dazu gehört auch eine unschätzbar wertvolle Sammlung von Schmuck- und Edelsteinen. Wir finden hier z. B. einen riesigen blauen Topaskristall (17,5 cm × 30 cm) und einen Wandschrank, gefüllt mit lauter gut ausgebildeten Kristallen von blauen Topasen; viele davon sitzen in einer Grundmasse von Rauchquarz, Feldspat oder Glimmer.
Weitere Sammlungen, in denen es schöne blaue Topase gibt: Bergbaumuseum, Leningrad; Bergakademie, Paris; Britisches Museum, Abteilung für Naturgeschichte, London; Harvard-Universität, Cambridge, Mass.; Field Museum, Chicago; Amerikanisches Museum für Naturgeschichte, New York; Smithsonian Institution, Washington.

Fotografiert von E. Cogan, Moskau

Sperrylith

Sammlung: Britisches Museum, Abteilung für Naturgeschichte, London
Kurator: Peter Embrey
Größe: 6,2 cm × 5,1 cm

Sperrylith ist eins von nur drei Mineralen, die das seltene Metall Platin enthalten. Sperrylith hat ein hohes spezifisches Gewicht, ist ziemlich hart (Härte 6–7) und zinnweiß. Die Kristalle haben meist Würfelform. Aber bisweilen kristallisiert das Mineral auch in Form von Oktaedern mit gerundeten Ecken und Kanten. Nahezu alle Kristalle sind ziemlich klein. Sperrylith enthält neben Platin kleine Mengen von Arsen, Rhodium, Antimon, Eisen und Kupfer.

Zum ersten Male wurde das Mineral entdeckt im Vermilion-Abbau im Algoma-Distrikt, etwa 35 km westlich von Sudbury, Ontario, Kanada. Weitere Fundstellen: bei Nikolaewski am Amur, Ostsibirien; Rambler Mine, Medicine Bow Mountains, Wyoming; am Little Tennessee River, Franklin, Macon County, North Carolina.

Die hier abgebildete Stufe zeigt den größten und bestausgebildeten Sperrylithkristall der Welt mit den Maßen 2,4 cm × 1,9 cm. Die Grundmasse besteht aus Limonit, ein sehr verbreitetes Eisenmineral. Gefunden wurde die Stufe um 1924 auf der Tweefontein Farm, etwa 16 km nordwestlich von Potgietersrust, Waterberg-Distrikt, Transvaal, Südafrika. Sie gelangte in die Hände des Aufsichtsratsvorsitzenden der Potgietersrust Platinbergbaugesellschaft. Und dieser ließ sie dann dem Britischen Museum, Abteilung für Naturgeschichte, durch George H. Beatty aus Johannesburg, Transvaal, Südafrika, am 12. Juli 1926 überreichen. Beschrieben wurde sie 1926 im „Mining Magazine“, Band 21, Seite 96. Ihre Inventarnummer ist 1926-445.

Seinen Namen hat Sperrylith nach Francis Sperry, der als erster herausfand, daß es sich um ein bis dahin noch unbekanntes Mineral handelte. Sperry war ein Chemiker in Sudbury.

Andere Sperrylithe sind in den folgenden Sammlungen zu finden: Smithsonian Institution, Washington; Museum der Universität, Manchester; Mineralogisches Institut der Universität, Heidelberg. Kleinere Kristalle von Sperrylith soll es in einem Museum in Kapstadt oder in Durban, Südafrika, geben.

Vorgeschlagen von Charles Key, St. Petersburg, Florida
Fotografiert von Peter Green und Frank Greenaway, London

Amethyst

Sammlung: Gerhard Becker, Idar-Oberstein
Größe: 30,5 cm × 22,9 cm

Amethyst ist die lilaviolette Varietät von Quarz. Da im Amethyst immer ein wenig Eisen enthalten ist, nimmt man an, daß dieses Element dem Mineral seine schöne Farbe gibt. Amethyst war schon in der Antike wohlbekannt und fand schon im frühen Ägypten Verwendung für Schmuck. Gewöhnlich wurde er in seiner natürlichen Kristallform belassen oder zum Cabochon abgerundet. Heute produzieren zahllose Schleifer in Schmuck- und Edelsteinschleifereien Tag für Tag Tausende Karat von geschliffenem und facettiertem Amethyst. Helle Farbtöne sind sehr verbreitet und preiswert. Sehr viel mehr geschätzt werden kräftig gefärbte Steine, die deshalb auch erheblich teurer sind. Allerdings ist Amethyst als Schmuckstein in jeder Qualität vergleichsweise wohlfeil.
Amethystkristalle in Drusen oder anderen Hohlräumen von Quarzgängen werden einzeln herausgebrochen, um die Abschnitte des Kristalls, die Edelsteinqualität haben, möglichst nicht zu beschädigen. Kristalldrusen werden aber auch als Ganzes zu Tage gebracht. Bisweilen sind die Amethystkristalle so klein, daß sie nur lavendelblaue Kristallrasen auf anderen Kristallen bilden. Es sind aber auch Einzelkristalle bekannt geworden, die zwanzig Kilogramm und mehr wogen.
Fundorte von Amethyst in guter Qualität: Zillertal, Tirol; Schemnitz, Tschechoslowakei; Pokura, Transylvanien, Rumänien; Mursinsk, Swerdlowsk; Madras, Indien; Artigas, Uruguay; Rio Grande do Sul, Brasilien; Amherst, Virginia; Alexander County, North Carolina.
Die hier gezeigte Stufe wurde etwa 1960 bei Guanajuato in Mexiko gefunden. Sie erhielt den Vorzug vor Hunderten von guten Amethystkristallgruppen, von denen viele Edelsteinqualität besaßen, aufgrund der Größe ihrer Kristalle, der kräftigen, tiefen Farbe der Kristallspitzen und der insgesamt aparten Anordnung der Kristalle.
Sehenswerte Amethyste in Sammlungen: Geologisches Museum, London; Bergakademie und Fakultät für Naturwissenschaften, Paris; Bergakademie, Freiberg/Sachsen; Amerikanisches Museum für Naturgeschichte, New York; Sammlung Manuel Ontiveros, El Paso, Texas.

Fotografiert von Karl Hartmann, Sobernheim

Stolzit

Sammlung: Smithsonian Institution, Washington
Kurator: Paul Desautels
Größe: 11,4 cm × 6,3 cm

Stolzit ist ein recht seltenes Mineral, das nur sehr gelegentlich Kristalle bildet. Da Stolzit chemisch ein Bleiwolframat ist, wird er gelegentlich mit einem anderen Blei-Wolfram-Mineral, dem Raspit, verwechselt. Stolzit ist weich (Härte 3), spröde und ähnelt in seiner Kristallform dem Wulfenit, hat aber ein höheres spezifisches Gewicht. Er kommt in den verschiedensten Farben vor; darunter sind Rot, Grün, Gelb und Braun. Stolzit ist begehrtes Objekt bei fortgeschrittenen Mineraliensammlern, und schon mancher hat nur auf die Andeutung eines Fundpunktes hin unglaubliche Entfernungen zurückgelegt, nur um zu einer guten Stufe zu kommen.
Bekannte Fundpunkte: Zinnwald, Böhmen; Bleiberg, Kärnten; Berggießhübel, Sachsen; Bleibergwerk Force Craig, Keswick, Cumberland; Abuja, Nordnigeria; Marianna de Itacolumy, Ouro Prêto, Minas Gerais, Brasilien; Huachuca Mountains, südlich von Tombstone, Arizona; Mine Primos, Dragoon, Arizona; Grouse Creek Mountains, Lucin, Utah; Wheatley Bleibergwerk, Chester County, Pennsylvania; Cariboo Mountains, British Columbia, Kanada.
Die abgebildete Stufe wurde in den zwanziger Jahren im Proprietary-Abbau, Broken Hill, New South Wales, Australien, gefunden. An die Smithsonian Institution kam sie 1963. Ihre Inventarnummer ist 116912.
Andere Sammlungen mit sehenswertem Stolzit: Britisches Museum, Abteilung für Naturgeschichte, London; Bergakademie, Freiberg/Sachsen; Fakultät für Naturwissenschaften und Bergakademie, Paris; Nationalmuseum, Prag; Australisches Museum, Sydney.

Fotografiert von Earl Lewis, Los Angeles

Gediegenes Gold

Sammlung: Cranbrook Institut für Wissenschaften, Bloomfield Hills, Michigan
Direktor: Warren L. Wittry
Größe: 26 cm × 14,1 cm

Gold war während der ganzen Geschichte der Menschheit als wunderschönes, seltenes und daher auch wertvolles Mineral begehrt. Man findet es weit über die ganze Erde verbreitet: in den Sanden und Kiesen der Täler goldführender Gebiete, in Quarzgängen und in Lagern, in sedimentären Gesteinen, häufig in metamorphen Gesteinen; und sogar in Meerwasser, ist es – wie sehr viele andere Elemente auch – gelöst enthalten. Es gibt auch Gold, das erhebliche Mengen von Silber enthält; man bezeichnet es als silberhaltiges Gold oder Elektrum. Die alten Ägypter hatten vor einem Tempel in Theben zwei Obelisken aus Elektrum aufgestellt. Der assyrische König, der Theben während der Regierungszeit von Tanutamun (Mitte 7. Jh. v. Chr.) eroberte, nahm diese Obeliske als Kriegsbeute mit. Er verzeichnete ihr Gewicht mit 2500 Talenten; das entspricht 83 Tonnen. Elektrum setzt sich zusammen aus 75% Gold, 22% Silber und 3% Kupfer.
Fundpunkte schöner Goldstufen: Hill End, New South Wales, Australien (drahtförmig ausgebildete Massen, die mehr als zweihundert Pfund wogen); Johannesburg in Transvaal, Südafrika; Magdalena, Sonora, Mexiko; Bunker Hill Mine, Amador City, Kalifornien; Carson Hill, Calaveras County, Kalifornien (ein im Jahr 1845 gefundenes Nugget wog 147 Pfund); sowie ein extrem goldreiches Gebiet am Ostabfall des Uralgebirges.
Unsere großartige Stufe zeichnet sich aus durch Größe, Glanz und ausnehmend schöne Form. Sie wurde gefunden in den Red Ledge Mines, Washington, Nevada County, Kalifornien. Sie setzt sich zusammen aus Goldblättern und Goldkristallen. Abgebaut wurde sie 1914 in einem Nebenstollen am Südende der Zweihundert-Fuß-Sohle (knapp 70 m). Der Red-Ledge-Abbau befindet sich auf einem Gelände, das in den Jahren 1897–1907 aufgeschlossen wurde. Von hier kam eine beträchtliche Anzahl hervorragender Goldstufen, manche davon als Kristalle ausgebildet. Schöne Stufen wurden auch unmittelbar an der Erdoberfläche gefunden, bedeckt mit Schlamm und gelegentlich sogar von Baum- und Buschwurzeln durchwachsen. In späteren Jahren wurde Sam P. Tracy Mitbesitzer des Red-Ledge-Abbaues. Und vor kurzem ging sein Anteil auf seine Frau Stella über. Der Abbau ist heute geschlossen und der Allgemeinheit nicht zugänglich.
Andere schöne Goldstufen befinden sich in folgenden Sammlungen: New Library Museum, Johannesburg, Südafrika; Harvard-Universität, Cambridge, Massachusetts; Smithsonian Institution, Washington; Staatliches Museum von Colorado, Denver; Sammlung C. Douglas Woodhouse, Santa Barbara, Kalifornien; Kalifornisches Staatliches Bergbaubüro, San Franzisco.

Vorgeschlagen von Stella Tracy, Washington, Kalifornien
Fotografiert von Earl Lewis, Los Angeles

Grossular

Sammlung: Carla Larson, Fallbrook, Kalifornien
Größe: 5 cm × 3,2 cm

Grossular ist ein Mitglied der Granatfamilie. Bei einer Härte von 6–7,5 verschleift man die durchsichtigen Kristalle des Minerals gern zu wunderbaren facettierten Steinen. Der Name kommt vom neulateinischen „grossularia", der botanischen Bezeichnung für die Stachelbeere, und nimmt Bezug auf die Farbe des Minerals. Grossular kommt in den Farbnuancen Rosa, Orange, Gelb, Braun und Grün vor. Andere Namen für Grossular sind Zimtstein, Hessonit, Hyazinth (dies ist aber auch der Name für die entsprechende Farbvarietät des Zirkons), südafrikanischer Jade, Transvaal Jade und Rosolith. Bis auf Hessonit haben sich diese Namen im deutschen Sprachbereich kaum durchgesetzt. Das Mineral kristallisiert meist in von zwölf Flächen begrenzten Körpern, sogenannten Rhombendodekaedern, die im allgemeinen eine glänzende Oberfläche haben und gut ausgebildet sind. Grossular wird häufig in metamorphen Kalken gefunden. Begleitminerale sind Vesuvian, Diopsid, Skapolith, Turmalin und Wollastonit.

Fundpunkte guter Kristalle: Xalostoc, Morelos, Mexiko; am Monzoni, in der Gegend von Trient und in Piemont; Elba; Zermatt, Wallis; am Fluß Viluj in Jakutien, UdSSR; Ramona, Kalifornien; Oravica und Dognacska, Rumänien; Achmatowsk, Kussinsk, UdSSR; Asbestos, Quebec, Kanada.

Diese hübsche kleine Stufe trägt ein Krönchen von extrem gut gefärbten Grossularkristallen, die einem Diopsidkristall aufsitzen. Sie wurde 1950 bei Eden Mills in Vermont abgebaut und ist eine von insgesamt drei als besonders schön bekannten Stufen dieses Fundpunktes.

Andere ausgesucht schöne Grossulare findet man in folgenden Sammlungen: Sammlung David Wilber, Reno, Nevada; Sammlung Edward Swoboda, Los Angeles; Sammlung William Sanborn, Newport Beach, Kalifornien; Naturhistorisches Museum, Wien; Bergakademie, Paris; Mineralogisches Institut der Universität, Mailand; Mineralogisches Institut der Universität, Rom; Mineralogisches Institut der Universität, Turin; Mährisches Museum, Brünn; Institut für chemische Technologie, Prag; Harvard-Universität, Cambridge, Mass.; Sammlung Alfred Buranek, Salt Lake City, Utah; Sammlung Charles Key, St. Petersburg, Florida; Nationalmuseum für Naturwissenschaften, Ottawa, Kanada.

Vorgeschlagen von Edward Swoboda, Los Angeles
Fotografiert von Earl Lewis, Los Angeles

Smaragd

Sammlung: Amerikanisches Museum für Naturgeschichte, New York
Kurator: Vincent Manson
Größe: 6,6 cm × 3,1 cm

Smaragd nennt man die blaugrüne bis grasgrüne Varietät des Berylls. Zur Beryllfamilie gehören auch der blaue Aquamarin, der rosafarbene Morganit und der goldgelbe Goldberyll. Natürlich vorkommende Smaragde haben immer Fehler, und Kristalle ohne Risse oder Sprünge sind extrem selten. Am meisten geschätzt werden Smaragde in dunklem kräftigem Grün. Große Kristalle sind fast ausnahmslos voller Fehler. So ist ein guter Smaragd etwa viermal soviel wert wie ein gleich großer und gleich guter Diamant. Heutzutage sind synthetische Smaragde ziemlich verbreitet. Aber echter Smaragd ist immer noch einer der am höchsten geschätzten Edelsteine. Große (2,5 cm × 5 cm oder größer) und gute Smaragde haben Preise von bis zu einer Million Dollar erreicht.
Wir haben den Smaragd „Patricia" in unsere Sammlung aufgenommen wegen seiner perfekten Kristallausbildung, seiner Größe und seiner herrlichen Farbe. Selten zeigen so große Smaragde eine derart gute Kristallform. Zwar hat er ziemlich viele Fehler, aber damit muß man stets rechnen, und es ändert nichts daran, daß „Patricia" einer der größten Edelsteinkristalle der Welt ist. Er wurde im Jahre 1966 im Smaragdabbau Chivor, der etwa 130 Kilometer nordwestlich der kolumbianischen Hauptstadt Bogotá liegt, gefunden. Mit dem Abbau begannen schon während des fünfzehnten Jahrhunderts die Chibcha-Indianer. 1537 nahmen die spanischen Konquistadoren die Mine in Besitz und trieben sie für die folgenden 150 Jahre um. Sie ist heute noch in Betrieb und liefert in stetem Fluß ausgezeichnete Smaragdkristalle von Edelsteinqualität.
Doch Smaragd wurde mehr als tausend Jahre früher auch schon abgebaut. Bereits um 2000 v. Chr. gewannen die Ägypter Smaragde bei Djebel Zabara am Oberlauf des Nils. Manche dieser Steine, die zu Anhängern und in Schmuckstücken verarbeitet wurden, kann man heute im Nationalmuseum in Kairo sehen. Um das Jahr 1830 wurde dann Smaragd auch unweit Swerdlowsk im Ural gefunden. Weitere Fundpunkte: Habachtal, Salzburg; Muzo, Kolumbien; Transvaal, Südafrika; Stony Point, North Carolina.
Andere schöne Smaragde kann man in der Sammlung der Bergakademie von Paris und am Naturhistorischen Museum in Wien bewundern.

Vorgeschlagen von Charles Key, St. Petersburg, Florida
Fotografiert von Arthur Singer, New York City

Rhodochrosit

Sammlung: Peter Bancroft, Ramona, Kalifornien
Größe: 14 cm × 12 cm

Der nelkenrosa bis rubinrote Rhodochrosit ist eines der attraktivsten Minerale und eine Zierde jeder Sammlung. Dazu kommt er noch gerne zusammen mit Quarz, Pyrit und Calcit in sehr gefälligen Kombinationen vor. Rhodochrosit ist ein Mangankarbonat. Er ist weich (Härte 3,5–4,5) und hat eine ganz ausgezeichnete Spaltbarkeit, womit er für Facettenschliff ungeeignet ist. Die Kristalle sind oft glänzend und bilden vollkommene Rhomboeder, wobei Kristalle von etwa 1 cm–1,5 cm Kantenlänge gar nicht so selten sind, während Kristalle mit einer Kantenlänge von 5 cm und mehr zu den Ausnahmen gehören. Rosa Rhodochrosit kommt auf einer ganzen Reihe von Fundpunkten vor: Capillitas, Catamarca, Argentinien; Ljubija Distrikt, Jugoslawien; Moët-Fontaine, Ardennen, Belgien; Siegen, Westfalen; Mazul, Krasnojarsk, Sibirien; Vielle Aure, Département Hautes-Pyrénées; Butte, Montana; Park City, Utah; Mine John Reed, Alicante, Lake County, Colorado.

Rhodochrosit tritt in relativ tiefthermal gebildeten Gängen von Blei-, Zink- und Silbererzen auf. Bei Capillitas in Argentinien findet man ihn in nierig-traubigen Massen, die geschnitten und anpoliert sehr schöne Ausstellungsstücke ergeben. Industriemäßig wird er in Butte, Montana, abgebaut, wo die Gänge sehr breit sind; er findet Verwendung als Sikkativ in Farben, bei der Herstellung von Chlor und Brom und zum Entfärben von Gläsern.

Die hier gezeigte besondere Stufe wurde bei Alma, Park County, Colorado, gefunden; von dort kommen seit Jahren die schönsten Rhodochrosite der Welt. Entdeckt hat sie ein Bergarbeiter, der glaubte, daß noch mehr Rhodochrositkristalle in dem extrem harten Quarz hoch droben in den Rocky Mountains zu finden sein müßten. Er trieb also, es war im Jahre 1965, einen vierzig Meter tiefen Stollen von der Rückseite des Abbaues her in das Gestein und stieß tatsächlich auf einen Hohlraum, der die Rhodochrositkristalle mit den schönsten bislang bekannten Farben lieferte. Man erzählt, daß dieser Bergarbeiter die Kristalle für eine ganze Stange Geldes verkaufte, das er dann innerhalb weniger Wochen mit einer großartigen Besäufnis im Wirtshaus auf den Kopf schlug.

Das hier gezeigte Stück ist das allerbeste von allen, die der Bergarbeiter fand. Eine Partie des 10 cm großen rubinroten Kristalls ist durchsichtig. Die weißen Kristalle auf der Stufe sind Quarz, die gelben Pyrit und die schwarzen Tetraedrit (Fahlerz).

Andere schöne Rhodochrosite von Alma haben folgende Sammlungen: Bergakademie, Paris; Königliches Naturhistorisches Museum, Stockholm; Naturhistorisches Museum, Fribourg, Schweiz; Smithsonian Institution, Washington; Morgan-Sammlung des Amerikanischen Museums für Naturgeschichte, New York; Sammlung David Wilber, Reno, Nevada; Humboldt-Universität, Berlin.

Vorgeschlagen von Glen Frost, La Jolla, Kalifornien
Fotografiert von Earl Lewis, Los Angeles

Kunzit

Sammlung: Smithsonian Institution, Washington
Kurator: Paul Desautels
Größe: 31 cm × 15,3 cm

Kunzit, die schön lilafarbene Varietät von Spodumen, wurde erstmalig 1903 im Abbau Pala Chief bei Pala in Kalifornien gefunden. Ein Mr. Baskerville nannte das Mineral Kunzit zu Ehren eines der ersten amerikanischen Edelsteinexperten, G. F. Kunz. Kunzitkristalle sind stark dichroitisch, das heißt, daß je nach der Richtung, aus der das Licht einfällt, die Farben sehr verschieden intensiv sind. Kunzit ist zwar nicht übermäßig hart (Härte 6,5–7), läßt sich aber nur schlecht schleifen, da er nach den Prismenflächen ausgezeichnet spaltbar ist. Kunzit tritt in lithiumhaltigen Pegmatiten auf. Gewöhnlich sind mit ihm Lithiumglimmer, Lepidolith und lithiumhaltiger Turmalin vergesellschaftet. Viele Kristalle sind noch im Boden durch Lösungen angeätzt, so daß klare Kristallflächen nicht sehr häufig auftreten. Schöner lachsrosa Kunzit wird in ovalen und runden Formen facettiert. Kunzit kennt Zwillingsbildung. Das heißt, manche Kristalle sehen aus wie zwei Kristalle, die entlang einer Prismenfläche zusammengewachsen sind. Fundorte: Abbau Victor, Rincon, Kalifornien; Minas Gerais, Brasilien; Madagaskar.
Dieser prächtige Kunzitkristall wiegt 7,5 kg und ist äußerlich völlig unbeschädigt. Er ist ein gutes Beispiel für einen ‚verzwillingten' Kristall. Der Kristall besteht aus zwei Einzelkristallen, die – gesetzmäßig – derart zusammengewachsen sind, daß sie wie ein einfacher Kristall aussehen. Bei unserer Stufe erkennt man bei näherem Zusehen auf der oberen Fläche des Kristalls sehr gut die „Zwillingsnaht". Die Zwillingsnaht ist die Spur der Verwachsungsebene der beiden Kristalle an einer der Außenflächen des „Zwillings". Der Kristall ist im wesentlichen ohne Fehler und von feinster Farbe, tiefgrün in der einen Richtung und lebhaft purpurfarben in der anderen. Es ist wohl der größte und schönste Kunzitkristall überhaupt. Gefunden wurde er 1961 in der Grube Urucupa bei Itambacuri, Minas Gerais, Brasilien. Er wurde von Paolo Nercessian aus Rio de Janeiro gekauft, der ihn 1962 an Martin Ehrmann weiterverkaufte; dieser tauschte ihn mit der Smithsonian Institution.
Andere große und sehr schöne Kunzitkristalle sind im Amerikanischen Museum für Naturgeschichte, New York, ausgestellt; an der Bergakademie und am Naturhistorischen Museum in Paris und an der Harvard-Universität, Cambridge, Mass.

Fotografiert von Earl Lewis, Los Angeles

Erythrin

Sammlung: Bergakademie, Paris
Kurator: Claude Guillemin
Größe: 16 cm × 11 cm

Erythrin ist eine Verbindung der Elemente Kobalt oder Nickel mit Arsen und deshalb ein wichtiges Kobalt- und Nickelerz. Zusammensetzungen mit Kobalt heißen im Deutschen Kobaltblüte, solche mit Nickel Annabergit oder Nickelblüte. Die Kristalle bilden meist derbe Massen, deren Einzelkristalle fest miteinander verfilzt sind, so daß die Isolierung einzelner unbeschädigter Kristalle wegen ihrer geringen Härte (1,5–2,5) sehr schwierig ist. Dazu kommt noch, daß schöne Kristalle von Erythrin sehr selten sind, was schöne Stufen entsprechend begehrt macht. Erythrinkristalle variieren in ihren Farben von Karminrot, wenn es sich um die Kobaltverbindung handelt, bis zu Apfelgrün bei der Nickelverbindung Annabergit. Bessere Kristalle kommen von: Timiskaming, Ontario, Kanada; Schneeberg in Sachsen; Pribram, Böhmen; Turtmannthal, Wallis; Leogang, Salzburg.
Die hier gezeigte Stufe wurde 1957 auf dem relativ neuen Fundpunkt von Bou Azzer in Marokko gefunden. Die französische Geologische Kommission von Marokko erhielt sie im Jahre 1959. Der größte Kristall ist 1,5 cm lang. Gerade im Laufe der letzten fünfzehn Jahre kam aus Marokko eine ganze Reihe von Mineralen in Spitzenqualität; neben Erythrin z. B. schöne Vanadinite, Mimetesite und andere Bleiminerale.
Andere Sammlungen, die schöne Kristalle von Erythrin ausstellen: Sammlung David Wilber, Reno, Nevada; Bergakademie, Freiberg/Sachsen; Fakultät für Naturwissenschaften, Paris.

Vorgeschlagen von H. J. Schubnel, Paris
Fotografiert von Jacques Six, Paris

Siderit (Pseudomorphose nach Fluorit)

Sammlung: Britisches Museum, Abteilung für Naturgeschichte, London
Kurator: Peter Embrey
Größe: 10,2 cm × 8,75 cm

Dieser Sideritwürfel ist eine der außergewöhnlichsten Mineralstufen, die je gefunden wurden. Sie war ursprünglich ein grüner oder blauer Fluoritkristall, und stak in einem erzführenden Hohlraum tief in einem englischen Bleibergwerk. Im Verlaufe von unzähligen Jahren zirkulierten in dieser Tasche Lösungen und lösten allmählich den Flußspatkristall fort. Ein Teil des weggelösten Kristalls wurde dabei durch ein neues Mineral, das Eisenkarbonat Siderit, ersetzt. Der Siderit schlüpfte dabei in die Form des Fluorits, aber von der chemischen Substanz Fluorit, also von dem Calciumfluorid, blieb nichts erhalten.
Bei dieser Pseudomorphosenbildung blieb im Kern des ursprünglichen Kristalls ein Hohlraum, da nicht alles Material ausgetauscht wurde. Und im Verlaufe der weiteren Entwicklungsgeschichte unserer Stufe und ihrer Lagerstätte wurden in diesem Hohlraum weitere Minerale abgelagert. Zunächst wuchs messingfarbener Chalkopyrit (Kupferkies), dem dann noch weiße Spitzen von Quarz folgten. Es ist bemerkenswert, daß während dieses Vorgangs der Umwandlung die äußere Form des Siderites völlig ungestört erhalten blieb.
Gefunden wurde die Stufe 1846 in der Virtuous Lady Mine bei Tavistock, Devonshire, England. Ihr erster Besitzer, E. Pearse, verkaufte sie 1847 an das Britische Museum, Abteilung für Naturgeschichte. Dort ist sie unmittelbar am Eingang zur Mineraliensammlung ausgestellt. Sie wird im Museum als „Chalybit“ geführt, ein Name, welchen man für Siderit in Europa früher bisweilen verwendete, der heute aber kaum mehr gebräuchlich ist. Die Sammlungsnummer ist BM 21338.

Fotografiert von Peter Green und Frank Greenaway, London

Brasilianit

Sammlung: Paul Fraenkel, Paris
Größe: 8,1 cm × 3,2 cm

Brasilianit ist ein seltenes und ungewöhnliches Phosphat von Natrium und Aluminium. Er ist von mittlerer Härte (5,5) und daher als Schmuckstein weniger gebräuchlich, obwohl er sich gut schleifen läßt. Mit seiner honiggelben bis grünen Farbe und dem hohen Glanz ist er ein sehr attraktives Stück in Edelsteinsammlungen. Der Name Brasilianit rührt daher, daß das Mineral in Brasilien zum ersten Mal gefunden wurde und lange Zeit keine anderen Fundpunkte bekannt waren. Heute sind außerdem Funde bekannt vom Palero-Abbau unweit North Groton, Grafton County, New Hampshire und aus der Umgebung von Newport, das ebenfalls in New Hampshire liegt. Brasilianit kommt in Granitgängen vor und ist mit Apatit, Albit, Muskovit, Turmalin und Whitlockit vergesellschaftet.

Unsere hier abgebildete attraktive Stufe zeigt einen beidseitig von Endflächen begrenzten Brasilianitkristall, der einer Gruppe von Muskovitkristallen aufsitzt. Er ist, wie bei Brasilianitkristallen üblich, relativ klein, aber in seiner Vollkommenheit, Durchsichtigkeit und Farbe ein Kristall der Spitzenklasse. Hinzu kommt, daß er mit einem anderen Mineral vergesellschaftet ist.

Diese 1963 gefundene Stufe wurde, wie alle schönen Brasilianite, bei Conselheiro Pena am Rio Doce, Minas Gerais, Brasilien, gefunden. Der größte Teil des Doce-Flusses nimmt seinen Lauf zwischen Governador Valdares und der am Atlantik liegenden Hafenstadt Vitória. An seinen Ufern haben im Lauf der Jahre Hunderte kleiner Abbaue eine ungeheuere Zahl von Edelsteinen und Mineralen geliefert, darunter Turmalin, Morganit, Rosenquarz, Aquamarin, Andalusit, Columbit, Topas und selbstverständlich auch Brasilianit. Es gibt natürlich noch wesentlich größere Brasilianite als der hier abgebildete, darunter manche von ausgezeichneter Qualität; doch sie sind fast alle als Kristalle nicht vollständig ausgebildet oder zeigen beachtliche Beschädigungen an den Kristallkanten und an den Flächen.

Andere Sammlungen mit schönen Brasilianiten: Smithsonian Institution, Washington; Bergakademie, Paris; Sammlung Georg Wild, Idar-Oberstein; Sammlung Edward Bancroft, San Diego, Kalifornien.

Vorgeschlagen von Paul Fraenkel, Paris
Fotografiert von Nelly Bariand, Paris

Rubellit (Roter Turmalin)

Sammlung: Smithsonian Institution, Washington
Kurator: Paul Desautels
Größe: 33 cm × 27 cm

Das Mineral Turmalin tritt in einer ganzen Reihe von Farben auf, darunter Blau, Gelb, Grün, Rosa, Rot und Schwarz. Gelegentlich findet man Gruppen schlanker, prismatisch ausgebildeter Kristalle, deren jeder zwei- oder mehrfarbig ist. Natürlich werden wie bei allen zum Facettenschliff geeigneten Edelsteinen auch beim Turmalin durchsichtige Kristalle in kräftigem Rosa, Rot, Grün oder Blau bevorzugt; schöne und gut ausgebildete Kristalle jedoch werden als besonders attraktive Ausstellungsobjekte geschätzt.
Die rosarote Varietät von Turmalin ist als Rubellit bekannt. Als Mineral ist Turmalin weit verbreitet, hat aber dann gewöhnlich die Farben Schwarz oder Braun. Rubellit aber ist ziemlich selten. Als Fundorte sind bekannt: Campolungo, Schweiz; San Piero, Elba; Pala und Mesa Grande, Kalifornien; Antandrokomby auf Madagaskar; Governador Valadares, Brasilien; Ligonha, Mozambique.
Während diese Seite geschrieben wurde, stieß Edward Swoboda in seinem Abbau Stewart Lithium and Turmalin Queen unweit San Diego auf Hohlräume, die Turmalin- und Morganitkristalle lieferten, die in ihrer Qualität zu den besten zählen, die man je gefunden hat.
Die hier abgebildete Stufe mit einem zweifarbigen Rubellit – auch „Wassermelonen“ oder, wenn die Spitzen schwarz sind „Mohrenköpfe“ genannt – halten viele Experten für die schönste Mineralstufe der Welt. Die an den Spitzen grünen Turmalinkristalle sind 17,2 cm lang und sitzen auf einem Rasen von fleischfarbenen Cleavelanditkristallen. Und der Albit – das ist Cleavelandit – sitzt seinerseits einer Gruppe von beidseitig terminierten Quarzkristallen auf. Die Stufe wurde im Jahre 1907 im Abbau Turmalin King bei Pala, Kalifornien, abgebaut. Nur wenig später fand sie ihren Weg zur Smithsonian Institution, die sie seither zu ihren stolzesten Besitztümern zählt.
Andere schöne Rubellite gibt es in folgenden Sammlungen: Naturhistorisches Museum, Fakultät für Naturwissenschaften und Bergakademie, alle drei in Paris; Britisches Museum, Abteilung für Naturgeschichte, London; Nationalmuseum, Prag; Institut für Mineralogie der Universität, Rom; Mährisches Museum, Brünn; Institut für Bergbau, Leningrad; Feire de Andrade Museum, Laurenço Marques, Mozambique; Amerikanisches Naturhistorisches Museum, New York; Harvard-Universität, Cambridge, Mass.

Vorgeschlagen von C. Douglas Woodhouse, Santa Barbara, Kalifornien
Fotografiert von Earl Lewis, Los Angeles

Geographische Übersicht von Schausammlungen

Aufbewahrungsorte für Mineralien sind auf der ganzen Welt die öffentlichen und privaten Museen sowie die Sammlungen einschlägiger Universitätsinstitute. Hier findet man Zutritt zu manchmal sehr reichhaltigen und manchmal wieder weniger guten Sammlungen. Im folgenden eine Auswahl der wichtigsten Museen:

Land	*Stadt*	*Museum*
Australien	Sydney	Australisches Museum
Belgien	Brüssel	Museum der Universität
	Lüttich	Museum der Universität
	Tervuren	Museum für Zentralafrika (Musée Royal de l'Afrique Centrale)
Bundesrepublik Deutschland	Freiburg	Mineralogisches Institut der Universität
	Heidelberg	Mineralogisch-Petrographisches Institut der Universität
	Karlsruhe	Landessammlungen für Naturkunde
	Mainz	Naturhistorisches Museum
	München	Mineralogische Staatssammlung
Chile	Santiago	Museum der Universität
Dänemark	Aarhus	Naturhistorisches Museum
	Kopenhagen	Mineralogisches Museum an der Universität
Deutsche-Demokratische Republik	Berlin	Museum der Humboldt-Universität
	Dresden	Museum für Mineralogie und Geologie
	Freiberg/Sachsen	Institut für Geologie der Bergakademie
England	Liverpool	Städtisches Museum (City Museum)
	London	Britisches Museum, Abteilung für Naturgeschichte Geologisches Museum
	Manchester	Museum der Universität (Manchester Museum)
	Newcastle	Hancock Museum
	Nottingham	Naturhistorisches Museum
Frankreich	Grenoble	Naturhistorisches Museum
	Lyon	Museum Guimet
	Nantes	Naturhistorisches Museum
	Paris	Bergakademie (Ecole des Mines) Akademie für Naturwissenschaften (Sorbonne) Naturhistorisches Museum
	Straßburg	Fakultät für Naturwissenschaften der Universität
Italien	Bologna	Institut für Mineralogie
	Florenz	Institut für Mineralogie
	Mailand	Städtisches Naturhistorisches Museum Museum des Mineralogischen Institutes der Universität
	Pisa	Institut für Mineralogie
	Rom	Institut für Mineralogie
	Turin	Institut für Mineralogie
Japan	Tokio	Universitätsmuseum für Naturgeschichte
Kanada	Ontario	Königliches Museum (Royal Ontario Museum)
	Ottawa	Nationalmuseum

Land	*Stadt*	*Museum*
Kenià	Nairobi	Universität
Mexiko	Mexico City	Naturhistorisches Museum (Museo de Historia Natural)
Mozambique	Laurenço Marques	Museum Feire de Andrade Museum des Geologischen Dienstes
Niederlande	Haarlem	Teylers Museum
	Leiden	Museum für Geologie und Mineralogie
Norwegen	Kongsberg	Bergbaumuseum (Sølvverksmuseet)
	Oslo	Mineralogisch-Geologisches Museum
Österreich	Wien	Naturhistorisches Museum
Peru	Lima	Universität
Portugal	Lissabon	Fakultät für Naturwissenschaften der Universität
	Oporto	Fakultät für Naturwissenschaften der Universität
Schottland	Dumfries	Burgh Museum
	Edinburgh	Königlich Schottisches Museum
Schweden	Stockholm	Königliches Naturhistorisches Museum
Schweiz	Bern	Mineralogisch-Petrographisches Institut der Universität Naturhistorisches Museum
	Fribourg	Naturhistorisches Museum
	Genf	Naturhistorisches Museum
	Schönenwerd	Museum Bally-Prior
	Zürich	Eidgen. Techn. Hochschule
Spanien	Barcelona	Sammlung Joaquin Folch Girona
	Madrid	Institut für Geologie der Universität Museum für Naturwissenschaften Bergakademie
Südafrika	Johannesburg	Geologisches Museum Universität Witwatersrand
	Pretoria	Museum des Geologischen Dienstes
Tschechoslowakei	Brünn (Brno)	Mährisches Museum (Moravske Múzeum)
	Iglau (Jihlava)	Iglauer Museum (Múzeum Vysočiny)
	Kaschau (Košice)	Museum der Ostslowakei (Východoslovenské Múzeum)
	Prag	Nationalmuseum (Národní Múzeum) Institut für chemische Technologie Institut für Geologie und Mineralogie
UdSSR	Leningrad	Bergbau-Institut
	Moskau	Fersman-Museum für Mineralogie Lomonossow-Universität
Ungarn	Budapest	Ungarisches Nationalmuseum für Naturgeschichte (Magyar Nemzeti Múzeum)
USA	Bloomfield Hills, Mich.	Cranbrook Institut für Wissenschaften
	Bryn Mawr, Pa.	Bryn Mawr College
	Cambridge, Mass.	Harvard-Universität
	Chicago, Ill.	Field Museum
	Denver, Colorado	Naturhistorisches Museum
	Los Angeles, Kalif.	Museum des Bereiches von Los Angeles
	New. Haven, Conn.	Yale-Universität
	New York, N. Y.	Amerikanisches Museum für Naturgeschichte Columbia-Universität
	Philadelphia, Pa.	Akademie für Naturwissenschaften
	Santa Barbara, Kalif.	Naturhistorisches Museum
	San Franzisko, Kalif.	Kalifornische Akademie der Wissenschaften
	Washington, D. C.	Smithsonian Institution
Zaire	Jadotville	Museum Sengier-Cousin

Register